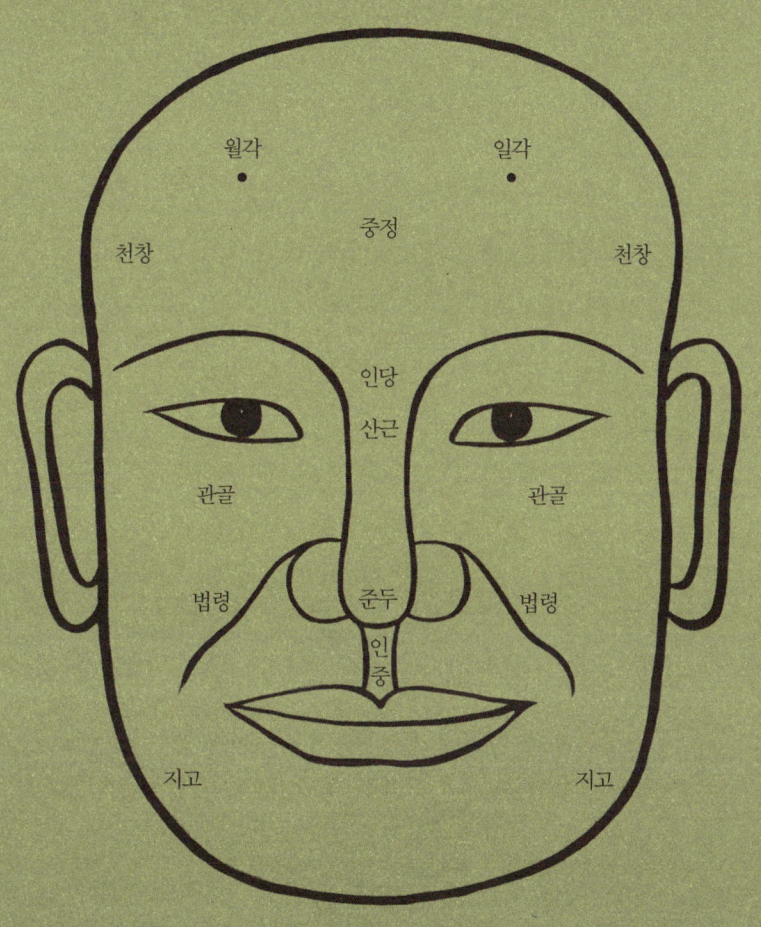

신기원의 꼴 관상학

일러두기

상학(相學) : 얼굴로 인간의 운명을 읽는 학문을 관상학(觀相學) 또는 상학(相學)이라 한다.

『허영만 꼴』을 감수한 관상학의 대가

신기원의 꼴 관상학

신기원 지음

개정판을 내면서

이 책이 나온 지도 벌써 10년이 훌쩍 지났다. 그간에 독자들의 호응이 꽤 좋아서 필자는 자못 보람을 느꼈고 무척이나 고무적이었으나, 불행히도 중도에 출판사의 사정으로 출판이 중단되어 참으로 막막한 심정이었다. 하지만 이번에 천만다행으로 행운의 여신이 도와 위즈덤하우스의 배려로 다시금 빛을 보게 되었으니 얼마나 기쁜 일인가!

아무쪼록 독자들은 다시금 새로운 각오로 상학공부에 박차를 가해주기 바란다. 차제에 필자는 내용의 부족한 면을 보충하여 완벽을 기하고자 애썼으며, 인쇄도 초판보다 선명하게 진일보되어서 보람으로 생각한다.

그리고 이번 기회에 밝혀두고 싶은 것이 있다. 애초에 관상 시리즈로서 첫걸음을 내딛는 기분으로 시작했으나, 필자의 불운한 사정으로 계속되지 못하여 항상 독자들에게 미안한 마음을 가지고 있었다. 차제에 새롭게 분발하여 보다 나은 필독서를 준비하고자 하니, 독자들은 부디 격려의 채찍을 보내주기 바란다.

본래 상학공부는 특별한 왕도가 따로 없으며 오로지 부단한 반추(反芻, 소가 먹은 음식을 다시 토해내어 반복해서 무수히 씹어 영양을 섭취하는 것)의 노력으로써만 개안開眼이 이루어지는 것이다. 그리고 항상 이론과 실제(임상)가 병행되어야 알찬 열매를 맺을 수 있다는 것을 다시 한 번 강조하고 싶다.

그럼, 다음의 제2탄에서 다시 만날 날을 기약하면서 독자들의 상학공부에 무한한 발전을 기대한다.

2010년 6월 상계동 골짜기에서

회당會堂 신기원申箕源

서문

되돌아보면, 필자는 참으로 평탄하지 않은 삶을 살아왔던 것 같다. 한의사였던 선친의 가업을 이어받기 위해 열서너 살부터 한의학과 동양철학을 공부하였는데, 환자들의 체질을 공부하기 위해 상학相 學을 접하면서부터 필자의 운명의 거센 물길은 다른 방향으로 접어 들고 말았다.

어려서부터 호기심과 미지의 세계에 대한 동경심이 많아 기이 하고 신비로운 것을 남달리 좋아했고, 집중적으로 파고드는 외곬수 의 성격에다 발산하는 끼를 함께 타고났던 필자는, 필자의 앞에 펼 쳐져 있는 '운명학'이라는 미지의 세계에 심취할 수밖에 없었다. 결 국 집안의 반대를 무릅쓰고 전국을 유랑하며, 낯선 곳에서 만난 낯 선 얼굴들 하나하나를 스승으로 삼아 젊은 날을 보냈다.

참으로 오랜 세월 험난한 가시밭길을 걸어온 40여 년 만에, 이 책을 필두로 한 관상 시리즈로 마치 내림굿을 받듯이 그 고통을 풀어낼 수 있게 되었으니 어찌 보면 너무나 박복하다 하겠다. 왜냐하면 지난 40년 동안 이끌어 주는 스승 없이 홀로 연마해왔으니 그 얼마나 고단한 삶이었겠는가. 그렇게도 목마르게 스승을 찾아 헤맸으나 이 땅에서는 사제의 인연을 만나지 못했던 것이다. 일개 대장장이 기술을 익히는 데도 스승이 필요한 법인데, 하물며 인생의 처세술과 운명을 다루는 방술方術을 공부함에 있어서야 무슨 말이 더 필요하겠는가.

그런 점에서 현대의 독자들과 상학을 연구하려는 이들은 행복한 셈이다. 쉽고 재미있게 다루어져 있는 책으로 기초를 닦은 다음, 얼마든지 나름대로 심화시켜 나갈 수 있기 때문이다. 처음부터 몇 자의 한문漢文으로 던져진 문구를 실제의 삶 속에서 적용, 심화시키며 자신의 것으로 무궁무진하게 발전시켜 나가야 했던 필자의 작업과는 비교가 되지 않을 테니 말이다.

그러나 상학을 공부할 때 '어느 부위가 이렇게 생기면 이러저러한 운명을 맞게 된다'는 식의 일방적인 주입은 절대 금물이다. 왜 그렇게 되는지에 대한 원리를 이해하지 못한 채 결과만을 암기할 경우 쉽게 잊어버리는 것은 이차적인 문제이고, 무엇보다 단 한 명도 같은 얼굴이 없는 오묘한 인간의 얼굴을 기계적으로 공식에 대입함으로써 자칫 판단의 오류를 범할 수 있기 때문이다. 그런 의미에서 원리를 모르는 사람은 차라리 상에 대해 문외한인 편이 낫다. 의식 있는 독자라면 단편적이고 주입식으로 쓰인 관상책을 읽으면서 '왜 그러한가?'라는 질문을 할 수 있어야 한다.

따라서 필자는 이 책을 통해 관상학의 가장 기본적인 내용을 체계적으로 총정리하면서 두 가지 원칙을 염두에 두었다. 우선, 원리를 제대로 이해할 수 있도록 하는 데 역점을 두었다. 그러면서도 누구나 쉽고 재미있게 읽을 수 있도록 최선을 다했다.

필자는 그간 상학과 함께 사주학四柱學·성명학姓名學·점성술占星術과 같은 운명학과 기문둔갑술奇門遁甲術 등을 섭렵하였는데, 그중에서도 특히 상학의 탁월함을 절실히 느끼게 되었다. 다른 운명학과 달리 상학은 실상實相을 직접 보면서 느끼는 직관력, 그리고 수십억의 인구 중에서 한 사람도 같은 사람이 없다는 개체학個體學으로서의 면모를 지니고 있으며, 정확성은 물론 인간 개개인의 중요성에 대한 인식을 기반으로 하고 있기 때문이다. 쌍둥이조차도 눈빛과 피부와 음성 등은 물론 그 마음이 다르기 때문에, 마음이 반영되어 나타나는 얼굴의 기운 역시 정반대로까지 달라질 수 있는 것이다.

현대는 인터넷이 지배하는 사이버시대로, 이제 개개인의 직접적인 대면보다는 모니터를 통해 서로를 접하는 시대로 바뀌어가고 있다. 사람들은 근본적으로 함께 부대끼고 삶을 호흡하는 과정을 통해 서로를 배우고 이해하게 마련이다. 하지만 싸늘한 모니터를 통해 교류하는 현대인들은 서로의 기운을 느낄 수 없게 되고, 점차 인간에 대한 직관력을 상실해가고 있다.

그러나 필자는 확신한다. 이러한 시대일수록 인간이 더욱 소중하고, 작고 따스한 것들이 눈물겹게 그리워지게 되리라는 것을. 우리의 운명을 좌우하는 것은 결국 사람이지, 기계나 문명이 아니기 때문이다.

지난 세기든 앞으로의 세기든, 우리의 화두話頭는 인간이며, 인간적인 삶을 살아가는 데 도움이 되는 학문이 미래를 선도하게 될 것이다. 독자들께서 하찮은 방술 정도로 생각했을지 모를 관상학이 올바르게 활용될 수만 있다면, 인간을 위한 학문이 될 수 있음을 아울러 굳게 믿는다.

아무쪼록 독자 여러분들도 부단히 연마하여 스스로의 인생을 주체적으로 개척해나가는 삶을 살아가시기를 간망하면서, 강호제현江湖諸賢의 질정을 바라며 서序에 대신한다.

2000년 경진년庚辰年 시월에 상계동 골짜기에서

회당會堂 신기원申箕源

차례

개정판을 내면서·4
서문·6

I 상을 보기에 앞서

상을 보는 이유
얼굴에는 삶 전체가 담겨 있다·16
우리의 얼굴, 정확하게 보자·18
상은 바뀔 수 있다·21
관상과 사주四柱의 관계·23

관상의 원리는 무엇인가
얼굴에 반영된 자연의 이치·26
음양오행이란 무엇인가·29
목·화·토·금·수의 기운과 성질·31
상생·상극하는 오행의 짝과 그 이유·33

II 사람의 5가지 체형

오행에 따른 다섯 체형
오행의 원리 • 38
목형은 총명하고 인자한 학자풍 • 40
화형은 가볍고 순수한 예술가형 • 43
토형은 후덕하고 재복 많은 부귀형 • 46
금형은 강직하고 맑은 무인감 • 49
수형은 지혜롭고 뛰어난 수재형 • 51

III 조화를 이루는 상

3가지 균등해야 하는 것, 삼정三停
관상에서 가장 중요한 것은 조화 • 56
과한 것은 부족함만 못하다 • 60
좌우 대칭의 얼굴과 비대칭의 얼굴 • 63

4가지 길고 윤택해야 하는 것, 사독四瀆
얼굴에는 내부와 통하는 4가지 물길이 있다 • 65
뾰족하게 각을 이루면 나쁘다 • 69

5가지 풍요로워야 하는 것, 오악五嶽
동서남북의 산은 중악인 코를 잘 도와야 한다 • 72
상하좌우가 뒤로 젖혀진 얼굴은 고독하다 • 75

6가지 빛나야 하는 것, 육요六曜
운명을 밝히는 별들 • 78
눈썹 사이와 눈 사이에 무엇이 있는가 • 82

12가지 운명을 읽는 얼굴 부위, 십이궁十二宮
모든 운명의 척도가 되는 인당(명궁) • 85
재물운을 다스리는 코(재백궁) • 87
부동산운을 다스리는 눈(전택궁) • 90
부모운을 다스리는 일월각(부모궁) • 92
형제운을 다스리는 눈썹(형제궁) • 93
남녀운을 다스리는 눈꼬리(남녀궁) • 95
자녀운을 다스리는 와잠(자녀궁) • 97
아랫사람운을 다스리는 지각(노복궁) • 100
질병운을 다스리는 산근(질액궁) • 102
명예운을 다스리는 천창(천이궁) • 105
관록운을 다스리는 중정(관록궁) • 107
복덕운을 다스리는 천창·지고(복덕궁) • 109

IV 오관의 생김새에 숨은 비밀

조상의 기운을 담은 기틀, 귀
정면에서 잘 보이지 않아야 진정한 음덕을 갖춘 귀 • 112
귀가 눈썹 높이에 이르면 높은 학문을 이룬다 • 116
위가 뾰족하면 잔인하고, 아래가 뾰족하면 이성파 • 118
안바퀴가 튀어나와 겉바퀴가 뒤집어지면 박복한 상耳反 • 122

내 얼굴의 빛나는 별, 눈썹
생명력의 싹이요, 아름다움의 마침표를 찍는 존재 • 126
높고 긴 눈썹은 해와 달을 온전히 보호하는 별 • 129
올라간 눈썹은 무인, 내려온 눈썹은 문인 • 132
살이 보이지 않는 농탁한 눈썹은 어리석고 강하다 • 135
너무 섬세하면 탐음하고, 너무 무성하면 독재적 • 137
눈썹 속에 있는 점은 총기와 지혜의 상징 • 142

나를 비추는 얼굴의 해와 달, 눈
정신과 에너지가 깃든 운명의 척도 • 147
눈에도 오장육부가 있다 • 149
한없이 길고, 적당히 깊고 가늘어라 • 152
사백안은 사납고 호색한 성품 • 154
돌안은 정기가 노출되고 신기가 흩어진 것 • 158
흑칠은 귀하고, 점칠은 대귀하다 • 161
눈이 혼탁하고 입 주변이 지저분하면 빈천한 상 • 164
올라간 눈꼬리는 양성陽性, 내려온 눈꼬리는 음성陰性 • 166
동물의 눈에 비유하여 보는 법 • 169
눈두덩이 너무 두터우면 간담이 크고 음탕하다 • 173

얼굴의 기둥, 코

코는 얼굴의 근본이요 나의 상징 • 175
코의 모양은 마음의 기량을 반영하는 것 • 177
매부리코는 반드시 눈과 함께 보아야 한다 • 180
광대뼈는 코를 도와주는 주요한 신하 • 185
준두가 처지면 끝없는 욕망으로 재산을 모은다 • 188
100퍼센트 들창코는 재산과 운이 다 빠져나가는 형국 • 191

인간 됨됨이를 알 수 있는 지표, 입

입은 마음의 표출처 • 195
여성 원리를 상징하는 입 • 197
사四자형의 입은 길이 영화로움을 누린다 • 199
두툼한 입술은 내 일신의 튼튼한 제방 • 201
입술 양끝이 올라가면 관운이 좋은 귀격 • 202
입술은 심장의 끝에서 피어난 한 송이 꽃 • 206
입은 스스로의 운명을 만들어나가는 핵심 부위 • 208
치아가 왕성하고 튼튼하면 강한 의지력의 소유자 • 210
혀가 코끝에 닿는 사람은 지극히 귀한 존재 • 212

I 상을 보기에 앞서

머리는 하늘을 상징하고 발은 땅을 상징하니, 머리는 하늘처럼 높고 둥글어야 하며 발은 땅처럼 모가 나고 두터워야 한다. 양쪽 눈은 태양과 달에 해당하니, 눈빛은 해님과 달님처럼 맑고 빛나야 한다. 음성은 우레를 상징하니 울려야 하고, 혈맥血脈은 강과 하천을 상징하므로 윤택해야 한다. 뼈는 금석金石이니 단단해야 하고, 살은 곧 흙이므로 풍요로워야 한다.

상을 보는 이유

... 얼굴에는 삶 전체가 담겨 있다

살아가는 동안 우리는 수도 없이 많은 사람들을 만나면서, 자기 나름대로의 느낌을 갖는다. 빼어난 미모는 아니지만 자신도 모르게 마음이 끌리는 사람이 있는가 하면, 얼굴은 잘생긴 듯하지만 왠지 호감이 가지 않고 꺼림칙한 느낌이 드는 사람이 있다. '생긴 대로 논다'든지 '나이 40이 되면 자신의 얼굴에 책임을 져야 한다'는 말을 하면서, 얼굴을 통해 어쩔 수 없이 드러나게 되는 그 사람의 내면을 판단하기도 한다.

 그리고 때로는 그러한 느낌이 틀리지 않음을 확인하게 되고, 나이를 먹을수록 점점 사람을 보는 눈이 조금씩 성숙되어 감을 스스로 느끼게 된다. 그뿐 아니라 특별히 사람을 보는 눈이 뛰어나, 어떤 사람의 첫인상에 대한 소감이 혀를 내두를 만큼 신통한, 지혜로운 눈을 갖춘 이들도 적지 않다.

그렇다. 사람들은 누구나 단순히 미모를 보고 판단하는 것이 아니라, 어느 정도는 얼굴 생김새를 통해 그 사람의 '됨됨이'를 파악하는 능력을 지니고 있다. 사람에 따라 개인차가 있고 나이에 따라 안목이 달라지기도 하지만, 기본적으로 모두 나름대로의 '보는 눈'이 있게 마련이다.

심지어 어린아이나 동물까지도 그러한 느낌을 지니고 있다. 오히려 어린이와 백치의 경우에는 100퍼센트 감성만으로 느끼기 때문에, 상대방이 자신에게 호감을 가진 사람인지 자신을 해칠 사람인지 본능적으로 알아차리는 능력이 뛰어날 때가 있다. 동물 역시 사람의 눈빛에 대해 매우 민감하여, 애정이 깃든 눈과 살기가 어린 눈을 구별할 줄 안다. 왜 그런 것일까?

그것은 바로 사람의 얼굴에는 그 사람의 천성과 삶 전체가 담겨 있기 때문이다. 만약 인간이라는 존재가 아무런 감정이나 느낌, 생각도 없이 그저 생물학적으로 살아가는 존재라면, 사람의 얼굴 역시 로봇처럼 표정이나 변화가 없을 것이며, 상학이라는 학문조차 존재하지 않을 것이다.

그러나 인간은 '마음을 쓰며' 살아가는 존재요, '생각을 하며' 행동하는 존재이다. 아무리 감추고자 하여도 사람에게는 누구나 타고난 천성天性이 있게 마련이며, 이러한 자신의 마음과 생각, 그리고 지금까지 살아온 삶의 모습들이 얼굴을 통해 드러나게 마련이다. 따라서 우리는 얼굴을 통해 그 사람을 '읽을 수' 있는 것이다.

… 우리의 얼굴, 정확하게 보자

그러나 사실 어떤 사람을 바로 앞에 놓고 그의 됨됨이를 파악하기란 참으로 힘든 일이다. 나름대로 상대방의 상相을 읽고 있다고 하는 경우에도 실제로는 인상印象을 보는 것이 대부분으로, 이를 관상觀相이라고 할 수는 없다. 인상이 서글서글하고 좋더라도 관상학적으로 불길하여 나쁜 영향이 미치는 경우도 많다.

대부분의 사람들은 상이 나쁜 사람이라도 항상 웃는 얼굴로 자신에게 잘 대해주면 그가 친절하고 좋은 사람이라고 생각하기 마련이다. 그런데 어쩌다 자신이 보지 않는 데서 그 사람이 무섭게 화를 내거나 신경질 부리는 것을 보게 되면, 상상하지 못했던 표정에 충격을 받는 경우가 적지 않다.

연기를 직업으로 하는 이들의 경우를 한번 보라. 천사처럼 순수하고 부드러운 이미지의 여배우가 있다. 그녀는 늘 착하고 고상한 역할을 하여 실제 그녀의 성품 역시 그러할 것이라는 데 추호도 의심이 가지 않는다. 그런데 어느 날 그녀가 악독하고 비천한 역할을 맡아, 뛰어난 연기력으로 그 역을 소화해냈다. 그녀의 뛰어난 연기력에 박수를 보내면서도, 사람들은 마음 한편에 서늘함을 느끼게 된다. '실제로 저처럼 악독하지는 않겠지만, 최소한 저 여배우도 어떠한 상황에 처하면 저렇게 될 가능성은 있겠구나' 하고.

이처럼 누구에게나 사람의 얼굴에 대한 나름대로의 느낌과 판단이 있지만, 그것은 자신과의 관계에 따라 왜곡될 수도 있고, 다분히 감상적인 것으로 흐르기도 한다. 이러한 모든 개인적이고 주관적인 측면을 떠나, 한 인간의 총체적인 삶이 집약되어 있는 상相을 가장 객관적이고 과학적으로 분석·연구하는 학문이 바로 상학相學이다.

따라서 상학은 상을 통해 인간의 본질을 탐구하는 학문이라 할 수 있다. 얼굴 생김의 좋고 나쁨을 판단하여 그 사람의 운명을 점치는 하찮은 방술方術 정도로 상학을 생각한다면, 참으로 안타까운 일이다. 인생의 모든 희로애락을 표현하는 창구요, 지나온 삶과 미래의 삶이 교차하는 척도로서의 얼굴을 연구하고 체계화시켜 놓은 것이 상학일진대, 참으로 인생을 신중하고 진실하게 살고자 한다면 '사람 보는 법'을 익히지 않을 수 없다. 모든 일에 임하여 탁월하고 섬세한 안목을 키우는 실체수련학實體修鍊學으로서, 상학은 바로 인생을 살아가는 데 지침이 되는 실용철학이자 실천철학이라 할 수 있다.

상학을 통해 우리는 얼굴에 담긴 갖가지 기호를 해석함으로써 그 사람의 됨됨이와 복량福量을 읽을 수 있다. 나의 인생은 삶의 곳곳에서 부닥뜨리는 무수한 사람들과의 만남을 통해 굴절과 변화를 맞게 된다. 내가 내 인생의 주인공이며 자신의 운명을 개척해나가는 주된 존재인 것은 분명하다. 그러나 어느 순간 어떤 사람과의 만남으로 인해, 자신의 의지와는 상관없이 행복과 불행의 갈림길을 맞을 수 있는 것이 또한 인생이다. 그러니 사람을 만날 때 그 사람의 조건이나 미모 혹은 자신에게 잘 대해주는 정도 등으로만 판단할 것이 아니라, 그 사람 인품의 본질을 참으로 신중하고 또 신중하게 살펴야 한다.

　그렇다고 해서 상학의 목적이, 이를 통해 좋은 사람 나쁜 사람을 가리는 판단기준으로만 적용되어서는 안 될 것이다. 어떤 경우의 만남이라도 상대방의 외적 조건보다는 근본 됨됨이와 그릇을 먼저 아는 것이 중요하다. 그 이후에 만약 상대방이 나의 배우자감으로서 만난 사람이라면, 나의 부족한 부분을 보완해줄 수 있는 사람인지, 그 사람의 부족한 부분을 내가 메워줄 수 있는지 등을 알아야 할 것이다.

　만약 두 사람이 똑같은 단점을 지녔다면 참으로 신중해야 할 만남이 아니겠는가. 그리고 나와 가까운 주변사람이라면, 상대방이 나의 인생에 도움이 되는 존재냐 아니냐를 판단하는 기준으로 삼는 데서 그칠 것이 아니라, 상대의 얼굴에서 읽을 수 있는 부족한 기운을 함께 이야기하면서 그에 상응하는 노력을 북돋워준다면 얼마나 아름다운 인간관계가 되겠는가.

··· 상은 바꿀 수 있다

무엇보다 상학 공부는 자신을 들여다보는 거울로 삼을 때 가장 그 빛을 발한다. 나를 가장 잘 아는 이는 자기 자신이다. 상학을 공부할수록 자기수양이 잘 되어 겸허한 자세를 가지게 되는데, 그것은 남들이 잘 알지 못하는 자신만의 기질과 특성이 상을 통해 정확히 설명되어 있기 때문이다. 또한 자기 자신에 대해 더욱 잘 알게 됨으로써 분에 넘치는 허욕과 과욕을 부리지 않게 된다.

참으로 상학은 내가 지금 지니고 있는 장단점들이 천성적으로 타고난 것임을 인식하고, 이를 기본으로 자신의 인격을 도야하는 삶의 지침으로 삼기에 마땅한 학문이다. 진실로 자신의 인생의 참된 주인공이 되어 적극적으로 인생을 살아가고자 하는 멋진 사람이라면, 상학 공부를 통해 내 운명의 장단점을 잘 파악하여 무엇을 살리고 고쳐나가야 할 것인지 진지하게 생각하면서 앞으로 나아가야 할 것이다.

우리는 "천성이 그래서 할 수 없어"라든지, "타고난 천성을 어떻게 바꿔?" 하는 말들을 자주 쓴다. 그렇다. 우주만물의 조화로운 이치에 따라 이 세상에 인연을 맺어 태어나면서, 어느 누구와도 같지 않은 자신만의 천성을 지니고 우리는 이 땅에 발을 디디게 되었다.

이처럼 저마다의 타고난 천성은 자신의 삶의 방향을 조절하는 운명과도 같은 것으로, 특별히 노력하지 않고 살아가는 이는 그 천성대로 흘러가게 마련이다. 때로 인정하고 싶지 않더라도 운명이라는 것을 느끼고 받아들이며 살아가는 것이 인생이다. 내 의지와는 상관없이 흘러온 인생의 거대한 물줄기인 것이다.

이 세상에 태어난 것 자체가 바로 운명이 아니던가. 운명이란 마치 깊은 산속에서 솟아나 바다로 흘러가는 물줄기와 같다. 물의 기세가 약할 때는 도중에 끊어지기도 하고, 강한 저항을 받을 때는 잠시 돌아가기도 한다. 그러나 그 물줄기는 뒤에서 끊임없이 밀려오는 힘 때문에 어떠한 경로를 통해서든 바다로 들어가게 마련이다. 이처럼 누구나 타고난 선천적인 운명을 무시할 수는 없다. 그리고 이 천성이 그대로 드러나 보이는 것이 바로 상相이다.

하지만 타고난 운명이 내 인생에 영향을 미치는 것은 50퍼센트 정도이다. 나머지 50퍼센트의 노력으로 다른 50퍼센트의 운명을 뒤바꿀 수 있는 것이 바로 인생이며, 삶의 묘미이기도 하다. 반반씩 차지하고 있는 선천운先天運과 후천운後天運. 선천적으로 타고난 50퍼센트에 내 인생을 맡길 것인가, 아니면 나의 의지로 내 삶을 이끌어갈 것인가의 문제는 전적으로 자기 자신에게 달려 있다.

한 화가가 세상에서 가장 선한 이의 얼굴을 그리기 위해 정처 없이 길을 떠났다. 몇 년간을 찾아 헤맸지만 자신을 감동시킬 만한 얼굴은 찾을 수가 없었다. 그러던 어느 날, 마침내 천사와도 같은 온화하고 평화로운 얼굴을 지닌 사람을 만났고, 화가는 감동의 눈물을 흘리면서 그 얼굴을 그렸다.

10년의 세월이 흘렀다. 화가는 다시 세상에서 가장 악한 얼굴을 그리고자 길을 떠났고, 몇 년이 지난 어느 날 숨이 멎을 만큼 사악하고 비천한 인물을 만나 흥분 속에서 그 얼굴을 그리게 된다. 그러나 그림을 완성해나가는 동안 화가의 표정은 차츰 경악으로 일그러지게 되는데, 그 얼굴은 10년 전 자신이 그렸던, 천사와도 같았던 그 사람이었던 것이다.

이 이야기는 사람이 어떻게 살아가느냐에 따라 그 얼굴이 천사가 될 수도, 악마가 될 수도 있음을 말해주고 있다. 따라서 상학은 단순히 '당신의 운명이 이러하다'고 선언하는 데서 그치는 것이 아니라, 그것을 통해 자신의 삶을 어떻게 바꾸어나갈 것인지를 제시하는 힘을 지니고 있다. 내 마음 씀씀이가 바로 나의 얼굴과 삶을 바꾸어 놓는 근본이 되는 것이다.

노자가 '화와 복은 문이 따로 없으며, 오직 사람이 스스로 불러들인다〔禍福無門 唯人自招〕'라고 강조한 것처럼, 자신의 상과 운명은 스스로 만들어나가는 것임을 잊지 말아야 할 것이다.

••• 관상과 사주四柱의 관계

관상은 사주와 관계가 깊다. 즉 부귀할 사주를 타고난 사람은 부귀할 상相을 지니게 마련이고, 사주가 미천한 사람은 보잘것없는 상을 타고난다는 것이다. 이처럼 내적인 사주와 외적인 상은 대부분 서로 호응하면서 비슷하게 작용을 한다.

사주와 상은 선천적으로 타고난 숙명적인 운運이기 때문에 기본적으로 고치기가 쉽지 않다. 특히 사주는 태어난 연·월·일·시로 인해 결정된 것이기 때문에, 개인의 노력으로 소운小運 정도의 변화는 가져올 수 있으나 운명이라는 큰 흐름을 바꾸기는 어렵다고 본다. 이미 결정되어 있는 연월일시가 바뀔 리는 없지 않은가.

그러나 실제로는 "사주가 상만 못하고 상이 마음의 쓰임새를 당하지 못한다"는 말이 있듯이, 어떤 마음가짐으로 살아가느냐에 따라 개인의 운명은 바뀔 수 있다. 상학에서도 마음을 어떻게 쓰며 살아가느냐에 따라 상과 운명이 달라질 수 있을뿐더러, 때로는 정반대의 방향으로 물길을 바꾸게 한다고 본다. 특히 사람이 살아가는 운의 방향을 보는 데는 사주가 긴요하지만, 사람 됨됨이와 그릇의 크기(局量)를 가늠하는 데는 상학만큼 정확한 것이 없다.

다양성에 있어서도 사주는 상학을 따라가기가 어렵다. 사주는 정해진 문자로만 추론하는 간접적인 것이지만, 관상은 변화무쌍한 실상實相을 논하는 직접적인 것이기 때문이다. 이 세상에 한날한시에 태어나 같은 사주를 지닌 사람들은 많지만, 상은 사람마다 한 명도 같은 이가 없이 모두 다르다. 쌍둥이의 경우에도, 사주는 같지만 상으로 보았을 때는 분명 다르다. 따라서 사주학은 통계학이지만, 상학은 개체학에 가깝다.

옛 기록에도 같은 날 같은 시에 태어나 장군과 도적, 정승과 사공으로 운명이 갈라진 예들이 무수히 많다. 사람마다 천성과 마음 씀이 다르고 그것이 반영된 상이 다른데, 어찌 운명이 같을 수 있겠는가.

명나라 때 태조인 주원장朱元璋과 동시대에 살았던 사람으로, 주원장과 사주가 같았던 사람이 두 명 있었다. 한 명은 중원의 갑부 심만섭이었고, 또 한 사람은 거지대장 조목탁이었다. 이들 세 사람은 사주는 같지만 상이 서로 달라서 주원장은 사람의 우두머리인 인중지왕人中之王, 심만섭은 재물의 우두머리인 재부지왕財富之王, 조목탁은 거지의 왕인 걸개지왕乞丐之王의 자리에 각각 올랐던 것이다.

무엇보다 상은 사주와는 달리, 어떠한 마음가짐으로 삶을 살아가느냐에 따라 바뀔 수 있다는 점에서 더욱 실제의 삶과 밀착된 분야라 할 수 있다. 무엇이든 적극적이고 왕성한 것이 대세를 지배하게 마련이다. 선천적으로 정해진 하나의 수원지에서 두 줄기의 물살이 잔잔하게 같은 방향으로 흐르다가, 한쪽의 물살이 왕성한 기운으로 방향을 잡아 나아가면 다른 물살은 기운찬 곳으로 합류할 수밖에 없다.

따라서 사주나 상학을 공부하면서 주어진 운명과 천성에 안주해버리면 그야말로 생긴 대로 살아갈 수밖에 없어 공부를 하지 않음만 못하다. 이러한 공부를 하는 이유는 자신에게 주어진 운명의 기운을 잘 파악하여, 이를 스스로 조절하고 헤쳐나가는 능동적인 삶을 살아가기 위해서이다.

관상의 원리는
무엇인가

··· 얼굴에 반영된 자연의 이치

인간은 자연의 영기靈氣를 받고 태어난 존재로서, 자연의 모습과 이치를 그대로 빼어 닮은 축소판이라 할 수 있다. 인간을 '만물의 영장'이라고 보는 까닭도, 인간이 자연 속에 깃든 신령스러운 기운을 받아 그 어떤 생명체보다 특출한 정신력과 조화로운 육체를 갖추었기 때문이다. 따라서 인간의 삶은 자연의 이치와 일치되게 사는 것이 가장 이상적인 것이며, 상의 조건 역시 자연의 원리에 부합되면 좋은 상(善相)이고 그렇지 못하면 악상惡相이 된다.

상법相法이란 이와 같은 자연의 조화를 인간의 육체에 적용시켜 파악한 이치이다. 곧 인체라는 '소우주'에 깃들어 있는 대우주의 원리를 관찰하여, 인간의 길흉화복을 조명하고 우주의 원리에 합하는 삶의 길을 열어가도록 하는 것이다. 그렇다면 대우주인 자연과 소우

얼굴에 반영된 자연의 이치

머리는 하늘을 상징하니 높고 둥글어야 하며, 발은 땅을 상징하니 모가 나고 두터워야 한다. 눈은 해님과 달님에 해당하니 맑고 빛나야 한다. 음성은 우레를 상징하니 울려야 하고, 뼈는 금석이니 단단해야 하며, 살은 곧 흙이니 풍요로워야 한다. 입은 바다요 인중은 강이니 길고 뚜렷해야 할 것이요, 코·광대뼈·이마·턱은 산악을 상징하니 적당히 솟아야 하며, 머리카락과 수염은 나무와 풀을 상징하므로 맑고 수려해야 한다.

주인 인간이 어떻게 합치되는지를 살펴보기로 하자.

자연 속에는 태양이 있고, 달과 별이 있고, 산이 있고, 바다와 강이 있고, 육지가 있다. 또 그 육지에는 가지각색의 만물이 존재한다. 우리의 인체에도 이와 같은 천지만상天地萬象이 그대로 존재한다.

즉 머리는 하늘을 상징하고 발은 땅을 상징하니, 머리는 하늘처럼 높고 둥글어야 하며 발은 땅처럼 모가 나고 두터워야 한다. 양쪽 눈은 태양과 달에 해당하니, 눈빛은 해님과 달님처럼 맑고 빛나야 한다. 음성은 우레를 상징하니 울려야 하고, 혈맥血脈은 강과 하천을 상징하므로 윤택해야 한다. 뼈는 금석金石이니 단단해야 하고, 살은 곧 흙이므로 풍요로워야 한다.

나아가 입은 바다요 인중은 강이며, 얼굴의 편편한 곳은 들이다. 코와 관골(광대뼈)과 이마와 턱은 산악을 상징하므로 적당히 솟아야 하고, 머리카락과 수염 등 인체의 모든 털은 나무와 풀을 상징하므로 맑고 수려해야 할 것이다.

그런데 우리를 둘러싸고 있는 자연에 다음과 같은 변화가 일어난다고 가정해보라. 하늘은 낮고 땅은 얄팍하며 해와 달은 밝지 못하다면, 또한 강과 하천이 물이 부족하여 윤택하지 못하고 금석이 가볍고 무르며 산이 평평하다면, 그리고 풀과 나무와 곡식들이 너무 빽빽하거나 듬성듬성하다면 어떻게 될 것인가? 참으로 암담한 삶이 펼쳐질 것 아닌가.

이처럼 상학은 만상의 이치를 상에 부합시켜 해석하는 학문이다. 곧 인체에 깃들어 있는 우주자연의 원리를 관찰하여 인간의 길흉화복을 살피고, 자연의 원리에 부합하는 삶의 길을 열어가도록 하는 것이다.

··· 음양오행이란 무엇인가

자연의 이치와 상학의 원리를 쉽게 이해하려면 '음양오행陰陽五行'이라는 우주의 대법칙을 아는 것이 중요하다. 음양오행의 이치를 상에 적용시켜 살피는 원리를 알고 나면, 상을 보는 이해의 폭이 달라진다. 단순히 상학에서 이야기하는 결과만을 익히는 것이 아니라, 근본적인 이치를 깨닫게 되기 때문이다. 음양오행의 원리는 상학뿐만 아니라 삶을 살아가는 모든 분야에 적용되므로, 기본적인 개념은 반드시 알아두어야 한다.

세상만물이 이루어지기 전의 이 세상은, 하늘과 땅의 구분 없이 하나로 뒤섞인 깜깜한 혼돈 상태였다. 이를 무극無極이라 한다. 이 무극 상태는 항상 움직이면서 적극적인 변화를 모색하다가, 태극太極이라는 형태로 진화되었다. 태극에서 처음으로 음기陰氣와 양기陽氣의 두 기운이 구분되어 생겨나게 되는데, 태극이 움직이면서 발산·상승할 때는 양의 기운이 생기고, 한계선에 이르러 수렴·하강하면서 멈출 때 음의 기운이 생긴다.

이러한 운동 과정이 계속해서 반복된 결과, 가볍고 깨끗한 기운은 위로 올라가서 하늘이 되고, 무겁고 둔탁한 기운은 아래로 모여서 땅이 되었다. 이러한 음과 양의 이치는, 하늘땅뿐만 아니라 만물을 지배하는 두 가지 커다란 기운으로 작용한다.

　　우리가 흔히 남자는 양이고 여자는 음이라고 하듯이, 음양을 한마디로 말하면 바로 양전기와 음전기이다. 또한 홀수와 짝수이며, 물과 불이기도 하다. 하늘과 태양은 양이요 땅과 달은 음이다. 양은 더운 것과 밝은 것이며, 음은 찬 것과 어두운 것이다. 강한 것은 양이요 부드러운 것은 음이며, 단단한 것은 양이요 물렁한 것은 음이다. 뾰족한 것은 양이요 무딘 것은 음이다. 좁은 것은 양이요 넓은 것은 음이다. 겉은 양이요 속은 음이다. 튀어나온 것(凸)은 양이요 오목한 것(凹)은 음이다. 가는 것은 양이요 굵은 것은 음이다. 위는 양이요 아래는 음이며, 높은 것은 양이요 낮은 것은 음이다. 앞이 양이고 뒤는 음이며, 왼쪽이 양이고 오른쪽은 음이다. 이쯤 되면 양의 기운과 음의 기운이 어떤 차이를 지니는지 짐작이 될 것이다.

　　한편, 오행이란 음양의 기운이 활동하는 가운데 생겨난 다섯 가지 원소로, 목木·화火·토土·금金·수水를 말한다. 이 다섯 가지 기운은 천지 우주공간에 충만하여 끊임없이 유동하며 순환한다. 오행의 기운에 따라 사시四時인 봄·여름·가을·겨울이 번갈아 바뀌며, 이 오행의 작용은 음양의 이치에 따라 이루어진다.

··· 목·화·토·금·수의 기운과 성질

음양에서 음과 양의 성질을 살펴보았듯이, 각 오행의 성질을 한번 살펴보기로 하자.

오행 중에서는 수水, 물이 가장 먼저 생겨났다. 물은 하늘의 기운을 타고 생겨나서 그 모양이 하늘을 닮아 둥글고, 땅의 성질에 의해 완성되었기 때문에 땅이 있는 낮은 곳으로 흘러가는 성정이 되는 것이다. 계절로는 겨울에 해당한다. 수기水氣가 왕성한 겨울은 차갑고 음기가 충만하며, 만물이 움츠러들어 고요해지는 이른바 죽음의 계절이다.

물 다음으로는 화火, 불이 생겨났다. 불은 물과는 반대로 땅의 기운을 타고 생겨나서 하늘의 기운으로 완성되었다. 따라서 항상 완성된 곳인 하늘을 향해 치솟고 있기 때문에 불의 모양은 뾰족하다. 여름철은 양기가 충만하여 화기火氣가 왕성한 계절로, 밝고 더운 기운이 팽배하여 만물이 무성하게 성장한다.

다음은 목木, 나무이다. 나무는 하늘의 기운으로 생겨나고 땅의 기운으로 완성되었다. 그러나 나무는 물과는 반대로 땅에 뿌리를 두고 하늘을 향해 솟아 있어, 이치에 맞지 않는다. 이때의 나무란 나무의 성질을 지닌 바람을 뜻한다. 바람은 형체가 보이지 않지만 높은 곳에서 낮은 곳으로 불어오는 습성을 지닌다. 봄철은 목기木氣가 왕성한 계절이다. 목기는 따뜻하고 생기가 충만한 기운으로 뻗어 올라가는 습성을 지녀, 봄이 되면 모든 초목에서 움이 트고 싹이 나며 자라기 시작한다.

다음은 금金, 금석이다. 모든 광물은 땅의 기운으로 생겨나서 하늘의 기운으로 완성되었다. 따라서 금과 같은 광석은 땅속에서 캐내지만, 일단 밖으로 나오면 하늘의 기운을 받아 그 빛을 발하게 된다. 가을은 금기金氣가 왕성한 계절로, 생기를 죽이고 억제하면서 안으로 거두는 작용을 한다.

마지막으로 토土, 흙은 하늘과 땅의 기운이 동시에 작용함에 따라 생겨나서 땅의 기운으로 완성되었다. 따라서 하늘의 기운이나 땅의 기운으로 생겨난 모든 만물의 원소는 땅이 없으면 존재할 수 없다. 토기土氣는 각 계절의 마지막 달에 각각 분포되어 환절기에 해당하면서, 사계절을 관장한다. 이른바 대지大地로서, 각 계절의 어머니 역할을 하는 것이다. 즉 목화금수는 각각 봄·여름·가을·겨울의 주된 기운임을 알 수 있다.

방위로 볼 때는, 따뜻한 성질을 지니고 있는 목은 해가 뜨는 동쪽에 해당된다. 화는 뜨거운 기운이므로 더운 남쪽이며, 금은 서늘한 성질이 있어 해가 지는 서쪽에 해당된다. 수는 차가운 기운을 지녔으므로 북쪽에 해당되며, 모든 것의 기본이 되는 토는 방위상으로 중앙에 해당된다.

아울러 오행의 기운은 이러한 계절·방위뿐만 아니라, 색·맛·장기臟器·숫자 등과도 밀접히 관련되는데, 이를 '오행소속일람표'

라는 명칭으로 다음과 같이 살펴볼 수 있다.

오행소속일람표

구분	목木	화火	토土	금金	수水
계절	봄	여름	각 계절의 마지막 달	가을	겨울
방위	동	남	중앙	서	북
색	청靑	홍紅	황黃	백白	흑黑
숫자	3, 8	2, 7	5, 10	4, 9	1, 6
맛	신맛	쓴맛	단맛	매운맛	짠맛
장기	간	심장	비장	폐	신장
성질常	인仁	예禮	신信	의義	지智
음音	각	치	궁	상	우
오행상생	목생화	화생토	토생금	금생수	수생목
오행상극	목극토	화극금	토극수	금극목	수극화

··· 상생·상극하는 오행의 짝과 그 이유

이러한 오행의 기운은 서로를 살리는[相生] 기운과 서로를 죽이는[相

克) 기운의 짝이 있다. 이러한 기운은 '목→화→토→금→수'의 순서로 흐르는 방향과 밀접한 관련을 지닌다. 즉, 흐르는 방향을 중심으로 인접한 것들은 서로 상생하고, 하나 건너 있는 것은 서로 상극이 된다. 이러한 오행의 상생·상극관계를, 각각이 지닌 성질을 이용하여 쉽게 설명하면 다음과 같다.

먼저 상생하는 짝을 살펴보면, 첫째 목은 화를 살린다(木生火). 즉 땔감이 있어야 불이 타오를 수 있으므로 나무는 불을 살리는 존재이다.

둘째, 화는 토를 살린다(火生土). 불은 흙을 단단하게 한다. 흙으로 도자기를 만들 때 불에다 구움으로써 단단하게 완성되는 이치이다.

셋째, 토는 금을 살린다(土生金). 흙은 그 속에서 금석이 생겨날 수 있도록 하는 토양이 된다. 흙이 없다면 금석은 생겨날 수 없다.

넷째, 금은 수를 살린다(金生水). 땅속 깊은 곳은 암석으로 되어 있다. 그리고 샘과 같이 땅속에서 솟아나는 물은 암석의 기운을 통해 나온다.

다섯째, 수는 목을 살린다(水生木). 모든 생물이 그러하듯, 나무는 물이 있어야 죽지 않고 살아갈 수 있다.

다음으로 상극하는 짝을 살펴보면, 첫째 목은 토를 극한다(木克土). 나무는 흙이 지닌 양분을 빼앗아가기 때문이다.

둘째, 화는 금을 극한다(火克金). 불은 금속을 녹일 뿐만 아니라,

금속을 불에 달군 뒤에 두드리면 마음대로 모양을 변화시킬 수 있다.

셋째, 토는 수를 극한다[土克水]. 흙은 물을 흡수해버리기 때문이다.

넷째, 금은 목을 극한다[金克木]. 나무는 도끼·톱 등과 같은 쇠붙이를 통해 베어지고 조각나기 때문이다.

다섯째, 수는 화를 극한다[水克火]. 아무리 기세 좋게 타오르던 불길도 물을 뿌리면 순식간에 사그라지고 만다.

이러한 원리는 다음과 같다.

앞에서도 살펴보았듯이 음양의 기운이 순환할 때 양에서는 발산과 상승을 하고, 음에서는 수렴과 하강을 한다. 발산은 양의 시작으로 목木에 해당하며, 양이 상승하여 절정에 달할 때는 화火가 된다. 모든 것은 절정에 달하면 하강하게 되는 법이다. 이때 양에서 음으로 변하는 순간에 매개하는 작용을 토土에서 하게 된다. 따라서 화에서 토를 거친 뒤 서서히 수렴하면서 음으로 변하는 기운이 바로 금金이요, 금에서 더욱 하강하면서 아래로 절정에 달한 것이 수水이다.

이처럼 오행의 순서는 목(발산)→화(상승)→토(매개)→금(수렴)→수(하강)의 방향으로 흐르게 되며, 이는 서서히 상승했다가 서서히 하강하는 자연스러운 원리를 담고 있다. 따라서 인접한 것들끼리는 자연의 이치에 맞게 서로를 살리고[相生], 하나 건넌 것들끼리는 서로 간에 마찰이 발생한다[相克].

예를 들어, 목의 발산하는 기운이 수의 하강이나 화의 상승하는 기운과 함께하는 것은 서로 전후단계이므로 자연스러운 것이다. 그러나 만약 발산하는 기운이 수렴이나 매개하는 기운과 함께하게 되면, 한 단계를 뛰어넘게 되어 서로를 극한다. 즉 목의 발산하는 기운은 금의 수렴하는 기능에 의해 견제되고, 화의 상승하는 기운은 수의 하강하는 기운에 의해 견제되는 것이다. 이처럼 상생과 상극의 끊임없는 순환에 따라 천지는 조화롭게 운행되고 있다.

이러한 오행의 상생·상극관계를 그림으로 나타내면 다음과 같다.

오행의 상생·상극도

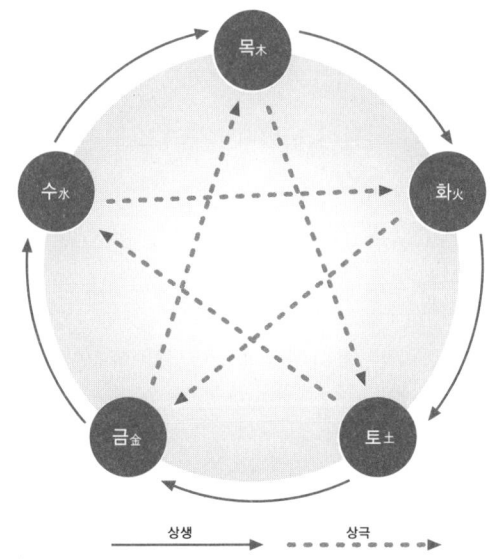

II 사람의 5가지 체형

목형은 나무가 위로 뻗어 올라가는 기운을 상징하는 것이므로, 얼굴이 갸름하고 파리하며 몸매는 곧고 훤칠하다. 화형은 불꽃이 위로 뾰족하게 타오르듯이 날렵하게 생기고 기색이 약간 붉다. 토형은 흙의 중후한 기질을 닮아서 얼굴이 원만·풍후하면서 황색을 띠고, 몸도 살집이 풍후하다. 금형은 쇠의 모난 성질을 닮아 얼굴이 사각형으로 균형을 이루며 얼굴빛이 희다. 수형은 물의 윤택한 성질과 둥근 모양을 따라 얼굴과 몸집에 살이 많아서 항아리처럼 둥글며, 풍요롭고 여유가 있어 보인다.

오행에 따른 다섯 체형

··· 오행의 원리

사람의 체형은 목·화·토·금·수 오행의 기운이 적용된 다섯 가지로 나누어 살펴볼 수 있다.

　　목형은 나무가 위로 뻗어 올라가는 기운을 상징하는 것이므로, 얼굴이 갸름하고 파리하며 몸매는 곧고 훤칠하다. 화형은 불꽃이 위로 뾰족하게 타오르듯이 날렵하게 생기고 기색이 약간 붉다. 토형은 흙의 중후한 기질을 닮아서 얼굴이 원만·풍후하면서 황색을 띠고, 몸도 살집이 풍후하다. 금형은 쇠의 모난 성질을 닮아 얼굴이 사각형으로 균형을 이루며 얼굴빛이 희다. 수형은 물의 윤택한 성질과 둥근 모양을 따라 얼굴과 몸집에 살이 많아서 항아리처럼 둥글며, 풍요롭고 여유가 있어 보인다.

　　물론 이러한 다섯 가지 체형은 그 사람이 지닌 특성에서 대체적으로 두드러지는 것을 의미하는 것이지, 똑떨어지게 오행의 기운대로 나누어지는 것은 아니다. 즉 같은 목형이라도 완전한 목형에 가까운 사람이 있는가 하면, 다른 네 가지 기운 중 어느 하나나 둘과 혼합된 사람이 더욱 많다. 다만 이렇게 혼합된 형이라도 가장 많이 타고난 기운을 보아서 어느 형에 속하는지 분류할 수 있는 것이다.

그런데 기본적으로 다섯 가지 기운 중 어느 것이라도, 하나의 기운을 뚜렷하게 타고날수록 좋다. 가령 토형이라면 다른 것과 섞이지 않은 순수한 토의 기운만을 강하게 타고나는 것이 좋다는 것이다. 이를 진체眞體라고 하는데, 오행의 모양은 강도에 따라 부귀가 더욱 확실해지므로 그 기운이 지닌 좋은 점만을 부여받게 되는 이치이다.

즉, 순수한 목형은 목기의 수려함과 풍요로움을 이어받아 부귀를 누릴 수 있다. 순수한 화형은 화기의 가볍고 활동적인 특성으로 성질이 다소 급하기는 하지만, 기회가 있으면 놓치지 않고 과감히 뛰어들어 성공하게 된다. 순수한 토형은 토기의 두텁고 윤택한 기운을 타고나서 부귀를 겸비하게 된다. 순수한 금형은 분명하고 강직한 금기를 이어받아 불의를 용납하지 아니하므로 이름을 드높이게 된다. 순수한 수형은 수기의 지혜로움을 타고나서 학문에 뛰어나며 귀인의 명성을 얻을 수 있다.

또한 다른 기운과 혼합되었더라도 상생하는 기운끼리 혼합되면 좋지만, 상극하는 기운끼리 혼합된 체형은 좋지 않다. 예를 들면 목형의 기운을 많이 타고난 사람이 수기나 화기를 겸한 것은 서로 상생하기 때문에 괜찮지만, 토기나 금기를 겸했다면 상극이므로 해롭다고 볼 수 있다.

··· 목형은 총명하고 인자한 학자풍

목형은 쭉쭉 뻗은 나무처럼 대개 키가 크고 날렵하며 대부분 말랐다. 따라서 얼굴색은 다소 파리한 기운을 띠고 있다. 그러나 튼실하게 우람한 나무처럼, 목형 중에서도 살집이 있고 튼실하게 체격이 좋은 사람도 많다. 목형의 경우는 살이 쪘더라도 다리가 길고 훤칠한 맛이 있기 때문에 보기에 좋고 당당하다.

주로 팔다리가 길고 키가 크면서, 말랐거나 또는 체격 좋은 이들이 모두 목형에 속한다. 그러나 몸집이 작더라도 팔다리와 몸체가 균등하게 조화를 이루면 역시 목형이며, 다리가 짧은 사람은 절대 목형이 아니다. 만약 목형에 속하는 사람이라면 목형의 모든 특성을 다 갖추어 똑떨어지는 목형이 되어야 가장 좋다. 바짝 마른 목형이라도 제대로 목형의 체형을 갖추었으면 재복이 있다. 목형의 대표적인 인물로 마른 듯한 경우는 서울시장 오세훈을 들 수 있고, 살집이 있는 인물로는 씨름선수 이봉걸을 들 수 있다.

곧고 긴 체형이라 몸은 물론 팔다리가 쭉쭉 뻗은 맛이 있으면서도, 마치 나무에 옹이가 맺히듯이 동글동글하게 약간 튀어나온 듯하

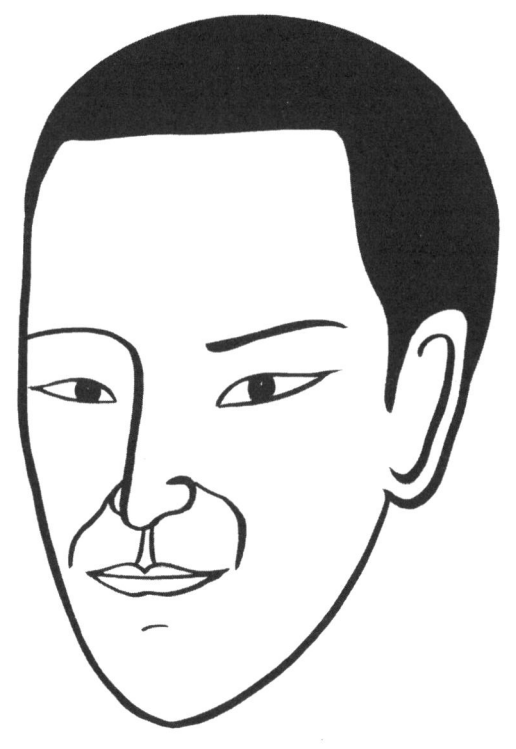

목형

순수한 목형은 갸름하고 수려하며, 나무의 맑은 기운을 타고나서 머리가 영민하고 지혜롭다. 태양을 향해서 뻗어 올라가는 나무를 닮아 가슴을 내밀고 시선을 멀리 두고 걷기 때문에 그 형상이 당당하고 늠름하다.

다. 손가락 역시 길게 뻗은 맛이 있는데, 삐죽하기만 한 것이 아니라 마디마다 옹이가 맺혀 있다. 또한 두골이 풍융豊隆하여 머리가 다소 둥근 맛이 있으며 이마도 약간 나온 듯하다. 나무에 비유하자면 밋밋하게 일자로 쭉쭉 뻗어나가기만 한 것이 아니라, 중간 중간에 기운이 뭉쳐져서 맺힌 맛이 있는 것이다. 따라서 밋밋한 맛과 맺힌 맛이 함께 있어 힘이 뭉쳐질 수 있어야 목형으로서 좋은 체형이다.

만약 목형으로서 뼈도 아주 굵고 살도 튼실하게 쪘는데, 의외로 허리나 등이 옆에서 볼 때 얄팍하면 운세가 약하다. 앞에서 볼 때 다소 널찍하면서 옆에서 볼 때도 마치 나무둥치가 둥글듯이, 전체적으로 좀 동그스름한 맛이 있어야 한다. 너무 살이 쪄도 안 되고 너무 뼈가 굵어도 안 되며, 허리나 등이 얄팍하거나 굽지 말아야 한다.

목형에는 마른 체형이 많지만, 너무 살이 없이 깡말라서 힘줄이나 뼈가 두드러져 보이면 부족한 상이다. 살이 있어도 탄탄하지 못한 허벅살이거나 윤기가 없이 피곤하게 늘어지면 장수를 누릴 수 없다. 목형으로서 얼굴형이 너무 모가 나면 금기가 많이 혼합된 체형이다. 이러한 형은 주로 나무나 금석을 다듬는 조각가나 공예가에 많은데, 이름을 날리며 분주히 살아가지만 파란만장하여 큰 성공과 결실이 없다.

목형은 또한 태양을 향해서 뻗어 올라가는 성장력이 강한 나무의 특성을 닮아, 가슴을 앞으로 내밀고 시선을 멀리 두고 걷기 때문에 그 형상이 당당하고 늠름하다. 이는 양기가 위로 발산하면서 형성된 목기의 특성을 그대로 담고 있다.

　빼어난 목형은 맑고 깨끗한 기운이 인당에 서려 있고, 눈썹과 눈이 수려하며 모든 이목구비가 준수하다. 나무의 수려하고 맑은 기운을 타고나서 머리가 좋고 총명하다. 심성은 인자하여 불쌍한 이를 보면 측은해 하는 마음이 깊으며, 성격은 정직하고 곧다.

　이러한 순수한 목형의 기운을 완벽하게 타고난 사람은 복이 많아서 늘그막까지 부유한 삶을 살아간다. 또한 목형이면서 화기의 은은한 홍색을 얼굴에 띠고 있으면 목화상생木火相生으로 밝은 지혜를 두루 갖추게 되어, 재예才藝가 더욱 뛰어나 학자나 예술가로서 이름을 드높이게 된다.

··· 화형은 가볍고 순수한 예술가형

화형은 불꽃이 위로 뾰족하게 타오르듯이 날렵하게 생기고 기색이 붉다. 살집이 별로 없으며, 오행형 중에서 제일 날렵하고 날씬하다.

　얼굴이나 피부는 발그스레하면서 얇고 투명하다. 살은 땅을 상징하는 것이라 어느 정도 두터워야 하는데, 다소 얇은 편에 속하므로 오행형 중에서 복이 제일 처지는 형으로 본다. 대개 화형의 얼굴은 위가 좁고 아래는 넓다고들 하는데, 아래가 넓다고 해도 우람한 기운이 사실 전체적으로 날렵한 인상을 준다.

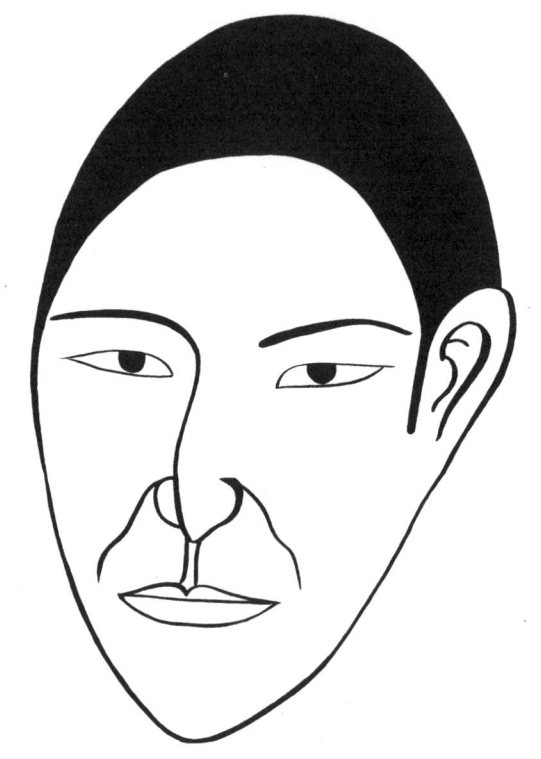

화형

순수한 화형은 이목구비가 뾰족뾰족 날렵하며, 불의 성질을 그대로 닮아 가볍고 기분파이며 솔직하고 즉흥적이다. 그러나 불꽃이 티 없이 맑고 깨끗하고 순수하듯이, 오행형 중 가장 영혼이 맑고 욕심이 없으며 착한 심성을 타고났다.

또한 화형은 얼굴이 길고 귀가 약간 뒤집어져 높이 붙어 있으며, 수염이 무성하지 않다. 뼈나 힘줄이 밖으로 드러나 보이지만 기색은 선명하다.

화형으로서 입이 너무 크거나 배가 나오면 좋지 않다. 입은 수水에 속하는 것이고 배가 나온 것은 항아리형의 수형과 혼합된 것이므로, 수극화水克火의 원리에 따라 이롭지 못한 상이다.

화형의 성격은 마치 불꽃이 뾰족하게 위를 향해 타오르듯이 조급하고 명쾌하다. 양기가 위로 상승하면서 형성된 화의 기운이 성격에도 그대로 반영된 것이다. 행동거지가 일정하게 침착하거나 무겁지 않으며, 불의 성질을 그대로 닮아 가볍고 기분파이며 솔직하고 즉흥적이다.

그러나 불꽃이 티 없이 맑고 깨끗하고 순수하듯이, 오행형 중에서 가장 영혼이 맑고 욕심이 없으며 착한 심성을 타고났다. 속으로 생각하는 것이 겉으로 그대로 드러나며, 싫고 좋은 것이 분명하고 솔직하다. 마음속에 무엇을 담고 있는지 짐작조차 할 수 없는 토형과는 정반대로, 안팎이 없이 속이 빤히 들여다보인다. 정열적이기도 하지만, 깊이는 없이 즉흥적인 열정인 경우가 많다. 급한 중에도 예절이 있어 사양심이 많다.

이러한 화형의 순수한 기질과 체형을 타고난 사람은 불꽃의 밝고 맑음을 그대로 타고나서 지혜가 뛰어나 좋은 기틀을 이루어 대성할 수 있다.

··· 토형은 후덕하고 재복 많은 부귀형

토형은 흙의 두텁고 윤택한 기운을 타고나서 얼굴이 원만·풍요로우면서 황색을 띤다. 몸집이 견고하고 두터워 약간 비대해 보이며, 머리가 둥글고 목이 짧은 편이나 뼈와 살이 조화를 이루어 신실해 보인다.

　머리와 얼굴이 크고 둥글둥글하며 두텁고, 특히 이목구비 중에서 토土에 속하는 코가 풍요롭고 왕성하게 발달해 있다. 입도 큼직하고 입술이 두터우며 턱도 풍부하여 전체적으로 원만해 보이는 상이다.

　목형이나 금형, 화형에 비해 피부가 환하지 않고 약간 탁한 듯이 누런빛을 띤다. 손과 발의 살결은 부드럽고 두터워 복스러운 느낌을 주며, 음성은 깊고 굵어서 아랫배의 단전에서 울려나오는 듯이 웅장하다.

　순수한 토형의 등과 허리는 마치 거북처럼 넓고 두터우며 약간 구부정하다. 토형은 얼핏 보면 수형과 비슷한 면도 있으나, 수형이 살이 많은 데다 키가 작아 전체적으로 항아리처럼 둥글둥글한 모양을 하고 있다면, 토형은 수형보다 클 뿐만 아니라 널찍하고 장대한 맛이 있어 체형적으로 충실하다. 토형 중에는 키가 커서 체구가 우람한 사람이 많은데, 탤런트 최불암과 씨름선수 이만기, 이준희 등이 전형적인 토형이다.

토형

순수한 토형은 원형의 얼굴에 중화의 기운을 타고났기 때문에, 체형과 성격도 중용의 이치에 맞아떨어진다. 그 속이 깊고 두터워 마음속으로 무엇을 생각하는지 겉으로 전혀 드러나지 않으며, 신의가 두텁고 성실하며 헛된 말을 하지 않는다.

그리고 그 형상이 단정하고 두툼하면서도 깊고 무거워, 마치 큼직한 산이 하나 앉아 있는 듯한 느낌을 준다. 토기는 양의 기운이 다시 음으로 하강하려고 할 때 이를 중화하는 기운을 타고났기 때문에, 체형과 성격이 또한 중용의 이치에 맞아떨어진다.

성품도 체형을 닮아서 그 속이 깊고 두터워 마음속으로 무엇을 생각하는지 겉으로 전혀 드러나지 않는다. 흙은 씨를 뿌리면 반드시 열매를 맺어 정직함의 표상이 되듯이, 토형은 신의가 두텁고 성실하며 거짓말이나 헛된 말을 하지 않는다. 또한 어머니와 같은 대지의 존재로서 후덕하고 신중하게 남을 감싸는 품성이 있으며, 실수를 하는 일이 적다.

만약 토형으로서 뼈가 드러나고 살집이 얇으면 운이 박한 상이며, 정신이 혼미하거나 목소리가 가늘고 약하면 장수하기가 어렵다. 또한 행동거지가 경망하고 걸음걸이가 가벼운 토형은 토기에 어울리지 않는 경박함을 타고났기 때문에 오히려 신의가 부족하고 천한 사람이다. 토형은 오행형 중 가장 재복이 많아, 순수한 토기를 강하게 타고난 사람은 재벌이 되어 부귀를 겸비하게 된다. 그러나 토형이면서 앞에서 살펴본 토기를 제대로 타고나지 못하였다면 오히려 가난하고 천한 삶을 살아가게 된다.

금형은 강직하고 맑은 무인감

금형은 금석의 모나고 치밀한 성질을 닮아 얼굴이 사각형으로 짜임새가 있으며 얼굴빛이 희다. 이목구비와 치아 등이 비뚤어짐 없이 단정하고 단단하게 생겨, 조화롭고 수려한 맛이 있다.

키는 별로 크지 않은 편이나 단단한 근골질로 각이 져 있기 때문에, 마치 잘 만들어진 로봇을 연상케 한다. 전형적인 무인형武人形으로서, 옛날이면 무장, 요즘이면 사관학교의 생도나 군인 타입이다.

금형은 맑고 아담하지만 뼈대가 단단한 체형을 지니고 있으며, 음성 역시 맑고 깨끗하여 윤택한 여운을 남긴다. 손은 단정하고 손가락이 짧으며 허리나 배는 둥근 듯이 보인다. 금형으로서 살집이 견실하면 더욱 좋다. 작아도 힘이 세고 알차기 때문에, 제대로 금기를 타고난 사람이 사관학교를 가면 장성급이 될 수 있다. 장군이나 무인이 반드시 우람한 체구를 타고나야 하는 것은 아니기 때문이다.

대표적인 금형으로는 전 대통령 박정희와 아나운서 출신 방송인 임성훈을 들 수 있다. 이들은 모두 전형적인 금형의 기운을 타고났으며 눈에 정기가 충만하여 빛나는 눈빛을 지니고 있다.

그러나 금형이 키도 크지 않고 팔다리나 손가락 등이 모두 길지 않은 편이지만, 지나치게 작거나 짧으면 운이 박하다. 다소 작더라도 나름대로 수려한 맛이 있어야 하는 것이다. 또한 전체적으로 격조에 맞지 않게 어느 한 부위만 짧다든지 할 경우에도 부족한 상으

금형

순수한 금형은 건실하고 단단한 피부와 골격, 사각형의 단정함, 정기가 충만한 빛나는 눈빛을 지니고 있다. 분명하고 강직한 금기를 이어받아 불의를 용납하지 아니하는 전형적인 무인의 형이다.

로 본다. 즉 얼굴은 수려한데 거기에 비해 목이 너무 짧아 보이면 수려한 기운이 감해지게 된다.

특히 금형은 견실하고 단단한 피부와 골격, 사각형의 단정함을 제일로 치기 때문에, 탄력 없이 물렁물렁한 허벅살을 타고났으면 금형으로서 가장 흉한 상이다. 또한 모든 부위가 중앙을 중심으로 반듯하게 대칭을 이루어 한쪽으로 치우치지 않아야 한다. 만약 약간이라도 어느 쪽으로 쏠리거나 혹은 한쪽이 강하거나 크면, 단정하고 바르지 못한 것이기 때문에 복이 적다.

순수한 금형은 분명하고 강직한 금기를 이어받아 불의를 용납하지 아니하며, 명예와 부를 겸비하면서 이름을 드높이게 된다. 금형은 금기를 완전히 타고나면 매우 길한 상이며, 토형과 혼합된 금형 역시 서로 상생하기 때문에 좋은 상으로 본다.

그런데 금형으로서 만약 다리가 길다고 하면, 몸은 금인데 다리는 목이 되어 금극목金克木으로 극하기 때문에 파란만장한 인생을 보내게 된다. 또한 코끝이나 윗눈꺼풀에 붉은 기운이 있으면 매우 해로운 징조로, 화기가 금기를 억누르고 죽이는 형상이 된다.

··· 수형은 지혜롭고 뛰어난 수재형

수형은 물의 윤택한 성질과 둥근 모양을 따라 살이 많이 쪄서 항아리처럼 둥글며 후중厚重하다. 영양형질로서, 골격의 움직임은 가벼워 보이고 뼈는 적은 듯이 잘 드러나 보이지 않는다.

　　토형과 어느 정도 비슷하지만 토형보다 부풀어 오른 듯하며 키가 작고 장대한 맛이 없어 별로 모양이 나지 않는 체형이다. 머리나 팔다리, 손바닥, 발바닥 등 신체의 각 부분과 귀, 코, 입, 눈 등에도 골고루 살이 많고 두텁다. 기색은 윤택하고 기운이 안정되고 조용해 보이며, 피부는 흰 편이나 다소 검은 듯한 기풍이 감돈다.

　　수형의 몸집은 항아리처럼 둥글게 두툼하면서 구부정한 형상을 취한다. 목형이 가슴을 내밀고 먼 곳을 바라보면서 걷는 데 비해, 수형은 구부정하게 땅을 내려다보며 걷는다. 음의 기운이 하강하면서 형성된 수기의 특성상 아래를 지향하게 되는 것이다. 또한 물이란 것은 대지를 의지해서 살아가며 흙을 좋아하기 때문에, 땅 쪽으로 향할 수밖에 없다.

　　오행이론에서 토극수土克水라고 하여 흙이 물을 극한다고 했으나 그것은 물의 스며드는 성질에 따라 설명한 것이고, 실제로 자연의 물과 흙은 한 뿌리에서 나왔다고 본다. 토는 목·화·금·수와는 달리 모든 것을 다스리고 중재하는 존재라서 다른 기운을 근본적으로 해하지 않는다. 물은 대지에 의지해서 흐르는 것이기 때문에 서로 친할 수밖에 없는 것이다.

　　따라서 수형인은 팔을 늘어뜨린 채 앞으로 약간 몸을 굽히고 땅을 보며 걷는 특성이 있다. 이런 사람들에게는 아무리 가슴을 내밀

수형

순수한 수형은 원형의 얼굴에 몸집이 항아리처럼 널찍하게 두툼하면서, 구부정한 형상을 취하고 땅을 내려다보며 걷는다. 빼어난 수형은 물의 지혜와 윤택함을 타고나서 머리가 매우 영민하여 수재형에 속한다.

고 위를 보면서 걸어보라고 해도, 잠시 후면 자신도 모르게 또다시 수그러들게 된다. 물이 아래로 아래로 땅을 찾는 본성을 어떻게 말리겠는가. 이처럼 수형으로서 순수한 수기를 타고난 사람들은 모두 뛰어난 길상이다.

그러나 수형으로서 살이 주체할 수 없을 정도로 많아 흐느적거리거나 탄력이 없는 사람, 뼈에 힘이 없어 한쪽으로 기울어진 듯한 사람, 뼈가 많이 드러난 사람 등은 운이 박하고 장수하지 못할 체형이다. 검더라도 반드시 윤택해야지 그렇지 않고 탁한 기색이면 나쁜 상이며, 다소 흰 편이라도 좋지만 윤기가 없이 백분을 바른 듯 건조한 피부, 붉은 기색이 많은 피부 등은 수형으로서 좋지 않다.

빼어난 수형은 물의 지혜와 윤택함을 타고나서 머리가 매우 영민하여 가히 수재형에 속한다. 목형도 총명하지만, 수형은 깊고 깊은 바다 속에서 우러나오는 지혜가 목형 이상으로 기발하고 뛰어나며 무궁무진하다. 총명한 기운은 인체의 호르몬이 풍부한 데서 오는 것인데, 호르몬은 곧 물이기 때문에 수형이 오행형 중 가장 지혜로운 것이다. 따라서 순수한 수형은 학문에 뛰어나며 귀인의 명성을 얻을 수 있다.

III 조화를 이루는 상

상에서 무엇보다 먼저 갖추어야 할 것은 삼정(三停)이 평등해야 하는 것이며, 이목구비가 잘생기는 것은 그 다음의 문제이다.
삼정이란 얼굴을 상정(上停)·중정(中停)·하정(下停)으로 삼등분하여 그 조화로움을 보는 것으로, 이것이 고르게 잘 발달하면 일생을 부귀하게 살아갈 수 있는 첫째 조건이 된다.

3가지 균등해야 하는 것
삼정 三停

… 관상에서 가장 중요한 것은 조화

상에서 무엇보다 먼저 갖추어야 할 것은 삼정三停이 평등해야 하는 것이며, 이목구비가 잘생기는 것은 그 다음의 문제이다. 삼정이란 얼굴을 상정上停·중정中停·하정下停으로 삼등분하여 그 조화로움을 보는 것으로, 이것이 고르게 잘 발달하면 일생을 부귀하게 살아갈 수 있는 첫째 조건이 된다.

    상정은 이마의 맨 위 머리가 난 경계선에서부터 눈썹 위까지이며, 중정은 눈썹에서 코 끝(준두)까지, 하정은 코 아래 인중에서 턱(지각)까지이다. 아무리 눈·코·입·귀가 잘생겨도 삼정이 제각각으로 조화를 이루지 못하면 모래 위에 집을 짓는 격으로 의미가 없다. 즉 이마는 무척 긴데 코가 너무 짧다든지, 코만 길고 이마와 턱이 너무 짧은 등 전체적인 조화가 깨어지면 안 된다.

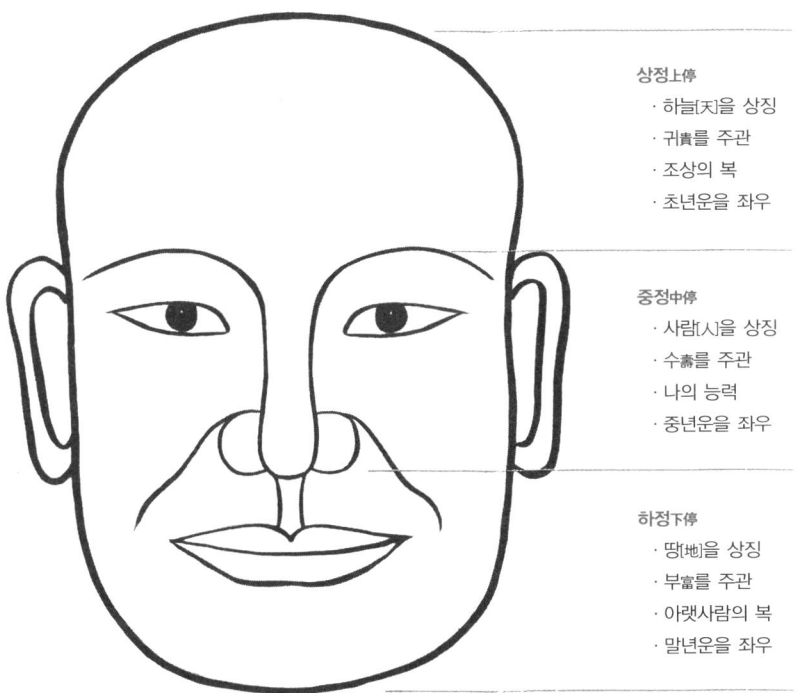

상정上停
- 하늘[天]을 상징
- 귀貴를 주관
- 조상의 복
- 초년운을 좌우

중정中停
- 사람[人]을 상징
- 수壽를 주관
- 나의 능력
- 중년운을 좌우

하정下停
- 땅[地]을 상징
- 부富를 주관
- 아랫사람의 복
- 말년운을 좌우

천지인 삼재三才 : 三停

삼정이란 얼굴을 상정·중정·하정으로 삼등분하여 그 조화로움을 보는 것으로, 이것이 고르게 잘 발달하면 일생을 부귀하게 살아갈 수 있는 첫째 조건이 된다.

상정·중정·하정은 각각 천天·인人·지地 삼재三才를 나타낸다. 얼굴의 가장 위쪽에 있는 이마는 하늘을 상징하고, 아래쪽에 있는 턱은 땅을 상징하며, 그 중간에 있는 코는 나 자신을 나타내는 것이다.

따라서 넓고 둥근 하늘의 이치를 따라 이마는 높고 널찍하고 동그스름해야 하며, 두텁고 네모진 땅처럼 턱은 풍요롭고 둥글면서도 약간 네모진 듯한 맛이 있어야 한다. 코는 단아하게 서 있는 사람의 축소판처럼, 단정하고 활기차게 다소 긴 듯이 곧게 뻗어내려야 한다.

상정인 이마는 하늘의 기운을 지녔으면서 조상의 덕을 많이 받은 곳으로, 주로 귀貴를 주관하며 30대 전까지의 초년운을 좌우한다.

이마가 훤하고 둥글둥글하게 잘생긴 사람은 명예나 관록복官祿福이 있으며, 조상과 부모를 잘 만나 초년운이 좋기 때문에 고생 없이 성장기를 보내게 된다. 어려서부터 제대로 교육을 받았기 때문에 실무나 노동보다는 학자·관직 등 지적인 작업에 종사하게 되는 경우가 많다. 반면, 이마가 너무 짧거나 좌우로 좁으면 조상의 덕을 많이 받지 못했을 뿐만 아니라 지적인 면이 부족하여 소견이 좁은 경우가 많다.

중정에 있는 코는 나의 본신이 되는 곳으로 주로 수壽를 주관한다. 따라서 코가 잘생긴 사람은 장수할 수 있으며, 스스로의 운명을 개척하는 능력이 뛰어나다. 중정은 한창 왕성하게 활동할 30~40대 중년의 운을 좌우한다. 대개 이때쯤이면, 공부를 마치고 진로를 잡은 초년을 지나 어느 방면에서 나름대로의 기틀을 이룰 시기이므로, 인생의 절정기라 할 수 있다.

특히 직업선이 코에 많이 나타나기 때문에 대개 코가 풍요롭게 높으면 신분이 높고, 코가 빈약하게 낮으면 신분이 낮다. 따라서 코가 잘 발달한 사람은 이 시기에 관직에 있을 경우 높은 직급에 오르게 되고, 학문을 할 경우 우수한 성과를 올리게 되며, 사업을 할 경우 번창하여 부를 이루게 된다. 나 자신을 상징하는 코이기 때문에, 스스로가 주관하는 일의 성패는 이 시기에 대부분 결정 나는 것이다.

또한 코뿐만 아니라 눈과 눈썹, 귀와 광대뼈 등 얼굴의 중추적인 파워가 중정에 있기 때문에, 이러한 각 부위가 조화롭게 발달되어 있으면 중년의 부귀를 한껏 누릴 수 있다. 특히 코가 제구실을 하기 위해서는 관골(觀骨: 광대뼈)의 역할이 중요하다. 광대뼈는 낮은데 코만 우뚝하면 코가 제구실을 할 수 없으며, 좌우에서 광대뼈가 적당히 솟아서 코를 보필해주어야 왕성한 기운을 제대로 살릴 수 있는 것이다.

하정의 근본이 되는 지각(地閣: 턱)은 땅의 두터움과 풍요로운 기운을 지녀, 부富의 근원이 되는 재물운을 좌우한다. 주로 말년의 운과 자식·아랫사람의 덕을 살피는 주축이 된다.

턱과 함께 인중·법령·입이 모여 있는 하정은 대개 50세 이후의 운세를 보는 것으로, 특히 턱이 잘 발달한 사람은 자손을 많이 둘 뿐만 아니라 수하에 많은 사람을 거느리는 우두머리가 될 좋은 상이라 할 수 있다. 따라서 사업을 하는 사람이나 관직에 있는 사람들은 턱이 뾰족하지 않고 널찍하게 잘 발달해야 왕성한 땅의 기운으로 발전해나갈 수 있다.

··· 과한 것은 부족함만 못하다

그러나 이러한 삼정 중에 어느 한 부위만 특출하게 발달하면 조화와 균형이 깨어지기 때문에 결코 좋은 상이라 할 수 없다. 따라서 생김새를 볼 때 가장 먼저 삼정이 평등한지를 보는 것이다. 천지 상하와 나 자신이 서로 조화롭게 어울려야지, 만약 한군데라도 푹 꺼지거나 혹은 지나치게 길거나 짧거나 높거나 낮으면 좋은 운을 타고나지 못한 것이다. 얼굴이 전체적으로 너무 긴 사람은 평생 고난이 많이 따르며, 옆으로만 너무 퍼진 것도 흉상이어서 범죄형인 경우가 많다.

만약 얼굴 중에서 이마만 지나치게 왕성하고 높으면 대체로 코가 짧게 되어 있다. 하늘이 높고 널찍한 것은 좋은데, 코나 턱에 비해 지나치게 발달해 있다면 엄청난 하늘의 비중이 나 자신과 땅을 짓누르는 형상이 되어 아래에서 받칠 힘이 없게 된다. 역도선수가 자기 힘에 넘치는 너무 무거운 것을 들어버린 격이니 운명이 순조로울 수가 없다. 이런 사람은 코가 짧기 때문에 성격이 안정되지 못해 급하고 돌발적이며, 장수하지 못하는 경우가 많다.

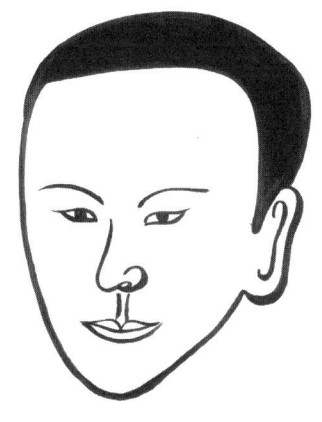 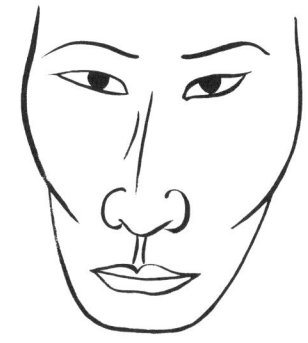

상정이 지나치게 발달한 경우
이마가 지나치게 왕성하고 높으면 엄청난 하늘의 비중이 아래를 짓누르는 형상이 되어 운이 박하고 수명도 길지 못하다.

중정이 지나치게 발달한 경우
코가 지나치게 길거나 크면 주체가 너무 강하여 고독하며, 재물운인 턱을 누르기 때문에 가난을 면치 못하게 된다.

　필자가 아는 사람 중에 상정이 매우 발달하여, 이마가 웅장하게 높고 정수리가 솟아서 언뜻 보면 가히 고관대작이라도 될 만한 상을 지녔는데, 사실은 그렇지가 못한 사람이 있었다. 상부가 지나치게 발달하여 코 길이나 턱이 상대적으로 짧아짐으로써 조화가 깨어진 상인 것이다. 따라서 관운이 좋을 것 같았지만 법대를 나온 뒤 연이어 사법고시에 실패함으로써 법관의 뜻을 이루지 못하였다.
　세상의 모든 이치는 조화로운 중용이 가장 좋은 것이며, 너무 과한 것은 오히려 부족한 것만 못함을 알 수 있다. 특히 여자의 경우는 이마가 조상이자 남편이기 때문에 이마가 너무 낮고 좁으면 남편 복이 없거나 재취로 결혼하는 수가 많으며, 반대로 이마가 너무 넓거나 많이 벗겨진 여자는 남편을 극하여 결혼생활에 실패하는 경우가 많다.

기본적으로 코는 짧은 것보다 긴 것이 좋다. 그러나 코가 너무 길면 일생을 고독하게 살아가게 되며, 아울러 재물운인 턱을 누르기 때문에 가난을 면치 못하게 된다. 상학에서는 '고빈孤貧'을 한 쌍의 운세로 보는데, 즉 '빈즉고 고즉빈貧卽孤 孤卽貧'이라 하여 가난하면 고독이 함께하고, 고독하면 가난이 함께한다는 것이다.

반대로 코가 너무 짧으면 운이 박하고 명도 길지 못하다. 코는 산에 해당하는 것이므로 적당히 높고 웅장해야 하는데, 코가 너무 낮으면 비천한 직업에 종사하기 쉽고 배우자운도 좋지 않다. 그러나 반대로 코가 너무 높으면 아집과 독단이 강하여 고독하고 인복이 부족하다.

마찬가지로 턱이 너무 짧고 빈약한 사람은 아랫사람의 덕이 부족하여, 자식이 있다 해도 말년을 쓸쓸하게 보내기 쉽고 수명 또한 길지 못하다. 그뿐 아니라 성격도 경솔하고 배타적인 측면이 많다. 반대로 상·중부에 비해 턱이 지나치게 길거나 왕성하면, 완강하고 둔하며 재물에 대한 집착력이 매우 강하다.

··· 좌우 대칭의 얼굴과 비대칭의 얼굴

이처럼 삼정이 평등하면 부귀장수를 누리고 삼정이 조화롭지 못하면 빈천·고독하며 명이 길지 못하므로, 기본적으로 삼정의 조화로움이 얼마나 중요한지를 알 수 있다. 따라서 이목구비 하나하나의 생김새는 이차적인 문제이고, 우선 틀이 먼저 잡혀야 하는 것이다. 하늘·땅·사람의 천지인天地人 중에 하늘이 좋은 자는 귀하고, 땅이 좋은 자는 부하며, 인이 좋은 자는 장수하니, 지극히 조화로운 자연의 이치가 그대로 얼굴에 반영된 것이라 할 수 있다.

한편, 지금까지는 얼굴의 삼정을 논한 것이라면[面上三停], 신체를 삼정으로 나누어 보는 법[身上三停]도 있다. 이는 머리와 몸통과 다리의 조화를 말한다. 가령 머리만 크고 몸이 작든지 머리는 작고 키만 크든지, 또는 상체는 짧고 하체는 길든지 그 반대이든지 하여 몸의 균형이 깨어지면 얼굴이 비록 잘생겼어도 부족한 상이 된다.

특히 몸의 상중하 중에서는 중정이 발달한 것을 가장 좋은 체형으로 본다. 부귀한 사람 중에는 앉은키가 작지 않고 웅장한 사람이 많으며, 만약 앉은키가 너무 작고 왜소하면 박한 운세를 타고난 것이다. 다리가 적당히 수려하게 긴 것은 좋지만, 허리가 짧고 다리만 지나치게 긴 사람은 천한 상이다. 따라서 평생을 바삐 움직여도 실패가 많아 좋은 결과를 보지 못하게 된다.

또한 천지의 도가 담긴 얼굴은 중앙을 중심으로 좌우의 대칭이 이루어져야 한다. 입꼬리가 아래로 처진 사람이 있다고 할 때, 입이란 양끝이 살짝 올라가야 좋은 것이기 때문에 나쁜 상으로 본다. 그러나 한쪽은 똑바른데 다른 한쪽만 처졌을 경우는 더욱 좋지 않게 본다. 그러므로 다소 부족한 이목구비라 하더라도 양쪽이 균일하게 조화를 이루는 것이 무엇보다 중요하다.

또한 음양이론에서 남자의 경우 왼편은 양, 오른편은 음을 나타내며, 여자의 경우는 반대이다. 따라서 남자의 경우, 얼굴이 가운데를 중심으로 하여 왼쪽의 이목구비가 낮거나 비뚤어지거나 하면 아버지를 먼저 여의게 되고, 오른쪽이 그렇다면 어머니를 먼저 여의는 수가 많다.

특히 눈으로써 부모와 배우자운을 살피기도 하는데, 만약 눈의 좌우가 불균형한 짝눈은 부모 중 새어머니나 새아버지를 모시게 되거나, 초혼에 실패하여 재혼하게 되는 경우가 많다.

4가지 길고 윤택해야 하는 것
사독 四瀆

••• 얼굴에는 내부와 통하는 4가지 물길이 있다

관상에는 사독법四瀆法이라는 것이 있다. 독瀆은 물기운이 흐르는 구멍이나 굴을 의미하는 것으로, 얼굴의 귀·눈·입·코가 각기 몸의 내부와 연결된 통로이기 때문에 붙여진 이름이다.

 이들 사독에서는 우리 몸의 각종 진액津液이 흘러나오는데, 진액이란 호르몬·피 등과 같이 몸속의 모든 영양액들을 일컫는다. 따라서 귀를 강독江瀆, 눈을 하독河瀆, 입을 해구海口, 코를 제독濟瀆이라 하여 하천·강·바다 등의 물길에 비유하였다.

 물이 흐르는 곳이기 때문에 사독은 항상 윤택해야 하며, 물이 잘 흐를 수 있도록 길고 적당히 깊어야 한다. 만일 윤택하지 못하고 건조하면 하천과 강에 물이 마른 격이니 큰일이 아니겠는가. 또한 강이 길고 깊어야 물이 풍부하게 잘 흐를 수 있고, 제방이 높고 튼실해야 수량이 많아서 가뭄에 마음 놓고 물을 이용할 수 있으며, 홍수가 나더라도 수해를 예방할 수 있다. 이와 같이 사람 얼굴의 사독도 물길의 원리와 다르지 않아, 윤기가 없고 얕고 짧으면 흉상이 된다.

'윤택할 윤潤' 자에 '물 수水' 변을 쓰듯이, 만물은 물이 풍부해야 생명을 유지하며 풍요롭게 성장해갈 수 있다. '화조물병火燥物病 수윤물생水潤物生'이라 하여, 불기운은 말라 병들게 하고 물기운은 윤택하여 생명을 준다고 했다. 이는 자연의 명백한 법칙이다. 다른 행성에 생물이 살고 있는지를 연구할 때 맨 먼저 그곳에 물이 있는지를 살피는 것도, 만물의 근본이 물임을 말해주는 것이다.

눈은 흐르는 강이기 때문에 항상 물기운[水氣]이 윤택해야 하며, 길수록 좋다. 상학에서는 쌍꺼풀 없이 약간 가늘고 깊은 듯하면서 긴 눈을 최고의 길상으로 친다. 물길은 길고 깊어야 하는 이치이다. 물의 색이 깊을수록 검어지듯이 눈동자는 검고 맑아야 하며, 눈동자에 빛이 있어야 정신이 맑고 총명하다. 태양에 해당하는 눈이 밝지 못하고서 어찌 마음과 정신이 밝을 수 있겠는가.

따라서 눈이 적당히 깊고 길면 장수를 누리고, 튀어나오거나 짧고 퉁방울처럼 큰 눈은 운이 박하고 수명이 길지 못한 경우가 많다. 물은 깊이 흘러야 하는데, 눈이 돌출된 것은 물길이 얕아 물이 적음을 의미하기 때문이다.

귀 역시 강독이니 구멍이 깊고 넓어야 하며 윤택해야 한다. 귀는 특히 오장육부 중 신장腎臟에 속하는 기관이므로, 에너지의 원천

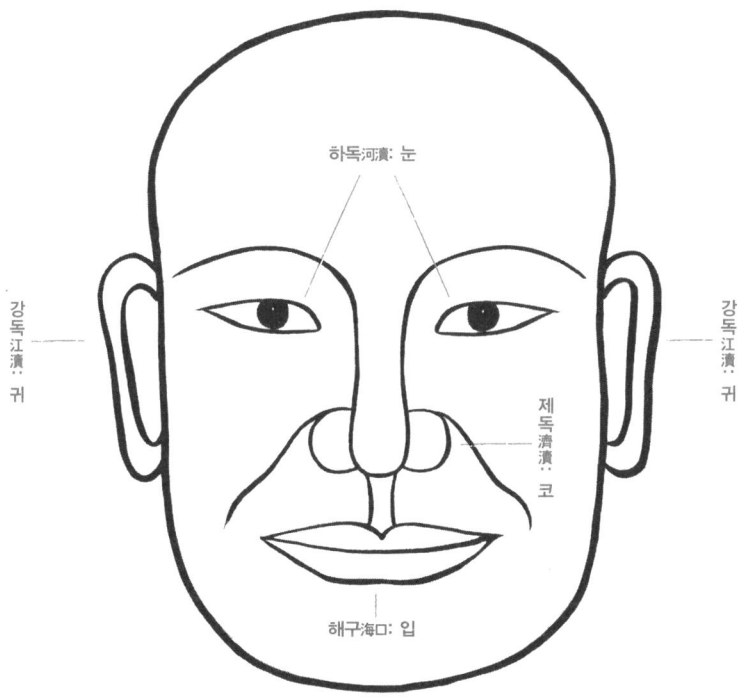

사독의 위치

몸의 내부와 연결된 통로로, 귀·눈·입·코는 물줄기에 해당하므로 길고 윤택해야 한다.

인 호르몬이 좋으면 귀의 색깔이 윤택하게 밝아진다. 따라서 귀 모양이 아무리 좋아도 색이 나쁘면 신체기능에 문제가 있을 뿐만 아니라 운세가 막혀 모든 일이 순조롭게 풀릴 수 없다. 또한 귀는 길쭉하게 장대하고 두터운 맛이 있어야 하며, 너무 크면 오히려 흉상이 되는 것은 모든 부분에 적용되는 이치이다.

얼굴 중앙의 산(中岳)에 해당하는 코는 그 밑에 두 개의 깊은 생명의 샘을 소중히 감싸고 있어, 높고 튼실하고 원만해야 한다. 콧구멍은 폐와 연결되어 숨을 들이쉬고 내쉼으로써 생명을 보존하는 소중한 동굴이므로, 일생을 마칠 때까지 촉촉한 수분이 유지되어야 한다.

만약 지나치게 차갑거나 뜨거운 공기가 코 속으로 들어가면 폐를 상하게 되는데, 이때 코 속의 점액질이 콧물로 흘러내림으로써 그 기운을 막아 폐를 보호한다. 따라서 코 속이 건조하면 우리의 오장육부는 금방 탈이 나고 만다. 코는 왕성하고 둥글둥글해야 하며, 속뿐만 아니라 겉 또한 윤이 나야 한다. 코는 토土이므로 물기가 많아야 윤택하고 기름진 땅이 되는 이치와 같다.

입은 바다를 상징하므로 항상 수분이 풍부하여 윤택함을 잃지 않아야 한다. 눈과 귀와 코의 물줄기가 흐르고 흘러 마침내는 인중을 통과하여 바다로 들어가는 것이다. 사독의 집결지이자 대지의 모든 강물을 능히 포용해야 하므로, 입은 길고 널찍하고 윤택해야 한다.

또한 순문(脣吻: 윗입술과 아랫입술)이 서로 짝이 잘 맞아 바르게 합해져야〔正合〕 한다. 옆에서 보았을 때 아래위가 잘 맞지 않아 어느 한 쪽이 더 나온 것은 좋지 못하다. 특히 아랫입술이 빈약하고 짧아서 윗입술이 아랫입술을 덮는 식으로 튀어나오면 바닷물이 다 빠져나가는 형상이라 아주 좋지 않다. 만물의 근원인 물이 곧 재물이고 건강인데 어찌 좋을 수가 있겠는가. 또한 윗입술이 너무 얄팍하고 짧아서 아랫입술을 제대로 덮지 못하면, 그 다음으로 좋지 않다.

··· 뾰족하게 각을 이루면 나쁘다

앞에서 살펴본 것처럼 귀·눈·코·입은 모두 메마르지 않고 흐르는 강줄기처럼 윤택해야 하며, 짧지 않고 길어야 하며, 얄팍하지 않고 깊고 풍요로워야 한다. 귀도 눈도 코도 입도 모두 수려하게 길어야지 짤막짤막하면 아무것도 아니다. 이목구비의 사독뿐만 아니라 법령(法令: 코의 양옆에서 입가로 내려오는 선)이나 인중(人中: 코 아래와 입술 사이에 있는 선)도 모두 물줄기에 해당하므로, 물길이 깊고 길게 흐르는 이치처럼 뚜렷하고 길어야 한다.

그러나 상학에서 매우 중시하는 관점으로, '사독이 길되, 애안 涯岸이 달아나지 않아야 부귀를 이룬다'는 말이 있다. 애안이란 물가의 언덕이라는 말이며, 달아난다는 것은 사독의 윤곽이 부드럽게 곡선을 그리지 않고 급하게 직선을 이룬다는 것이다. 뱀이 평소에는 S자형으로 기어가다가도 공격물을 만나 속력을 내기 시작하면 직선으로 쫙 나아가듯이, 달아날 때는 무엇이든지 직선이 되기 때문이다.

눈은 물결처럼 수려하게 곡선을 이루며 윗눈꺼풀(上波)과 아랫눈꺼풀(下波)이 자연스럽게 눈꼬리에서 만나야 한다. 그런데 만약 위아래 눈꺼풀이 직선을 이룰 경우, 상파와 하파가 만나기 위해서는 윗눈꺼풀이 세모꼴로 각을 이루면서 내려와야 한다. 뾰족한 뿔이 나 버리게 되는 것이다. 뾰족하게 각을 이룬 눈이라고 하여 이를 각안(角眼) 또는 세모눈이라고 하는데, 세모눈은 비정한 성향을 타고났기 때문에 잔인하고 흉포한 면이 있다.

코와 귀와 입도 마찬가지이다. 콧대와 준두가 원만하게 곡선을 이루지 못하고 날카롭게 뾰족하면 보기에도 거슬릴뿐더러 상에서도 하격(下格)으로 친다. 귀는 얼굴의 양옆에 있으면서 앞면에 있는 눈과 코와 입을 음덕으로 보호하는 덕성스러운 어머니와 같은 부위인데, 만약 귀가 아래위로 뾰족뾰족하다고 생각해보라. 뾰족하게 날이 선 마음으로 어떻게 음덕을 제대로 베풀 수가 있겠는가. 입의 윤곽 역시 풍만하고 부드럽고 뚜렷하게 능선을 그리며 입꼬리에서 만나야 한다.

얼굴의 이목구비는 곧 그 사람의 마음과 정신을 반영하는 것이기 때문에 부드럽고 원만해야 한다. 이목구비가 뾰족뾰족하다면 벌써 심보에 뿔이 난 사람이다.

　예를 들어, 전쟁을 할 때 사용하는 창끝이 둥글둥글하다면 사람을 해칠 수 없다. 그러나 날카롭고 뾰족한 삼지창은 능히 사람을 죽인다. 따라서 마음이 좁고 성정이 독한 사람 가운데 이목구비에 뿔이 난 사람이 많으며, 이러한 이들은 가장 가까운 곳에 있는 사람을 다치게 한다. 그래서 날카로운 살기로 자신의 배우자를 극하게 되어 결혼에 실패하는 경우가 많다. 또한 턱이 뾰족한 역삼각형의 얼굴도 마찬가지인데, 역삼각형이더라도 눈이 선하게 생기면 괜찮지만 눈과 함께 얼굴도 각이 진 경우라면 모진 성품을 지녔다고 봐야 한다.

　그런데 둥글고 원만하더라도 그 크기가 너무 거대하면 또한 날카롭게 각이 진 것과 마찬가지로 좋지 않다. 이목구비가 둥글둥글 원만하게는 생겼는데 머리가 너무 크다든지, 코가 퉁방울처럼 너무 크다든지, 눈이 가로세로로 부리부리하게 크다든지 하는 경우이다. 둥글더라도 너무 왕대旺大한 것은 살기를 띠는 이치이다.

　예를 들어 동글동글한 조그마한 돌멩이로는 사람을 해치기 힘들지만, 둥글고 큰 돌멩이라면 능히 사람을 죽일 수 있는 것이다. 특히 눈이 길면서 너무 굵으면 횡대橫大라고 하여, 부리부리하면서도 쭉 찢어진 눈을 가진 산적두목들처럼 아주 성미가 사납고 난폭하여 참으로 좋지 않은 상으로 본다.

5가지 풍요로워야 하는 것
오악 五岳

··· 동서남북의 산은 중악인 코를 잘 도와야 한다

오악五岳이란 글자 그대로 다섯 개의 산악이란 뜻으로, 얼굴에서 산처럼 솟은 코, 이마, 턱, 양쪽 관골(광대뼈)의 다섯 부위를 일컫는 것이다.

 그 명칭은 중국에서 가장 높고 대표적인 5대산에 비유하여 왼쪽 관골을 동악태산東岳泰山이라 하고, 오른쪽 관골은 서악화산西岳華山이라 하며, 이마는 남악형산南岳衡山, 턱은 북악항산北岳恒山, 코는 중악숭산中岳崇山이라 한다. 산의 이름까지는 알 필요 없으나, 얼굴의 방위가 중앙인 코를 중심으로 이마가 남, 턱이 북, 왼쪽 광대뼈와 오른쪽 광대뼈가 각각 동서인 점은 반드시 익혀두어야 한다.

 이때 동서의 위치가 바뀐 듯한 느낌이 드는 것은 사계절의 순환, 즉 시간관념인 천도天道가 아니라 공간관념인 지도地道를 나타내

오악의 위치

얼굴에서 산처럼 솟은 코, 이마, 턱, 양쪽 관골의 다섯 부위는 높게 솟고 풍요로운 기상이 있어야 한다.

는 것이기 때문이다. 시간과 공간관념에 있어 시간은 눈에 보이지 않는 하늘의 지도로 양陽에 해당하고, 공간은 눈에 보이는 땅의 지도로 음陰에 해당한다.

이 오악은 얼굴에서 중요한 바탕이 되는 것으로, 산악이기 때문에 모두가 높게 솟고 풍요로운 기상이 있어야 한다. 만약 오악에 중후하거나 높은 기상이 없으면 비록 다른 부위가 아무리 귀하고 부한 조건을 갖추고 있다 하더라도 크게 귀하거나 부할 수 없다.

자그마한 언덕배기 같은 산은 몇 십 년간 풍파를 만나면 흐지부지 깎이고 없어질 수도 있으나, 웅장하고 거대한 산은 아무리 비바람에 시달리고 깎여도 끄떡없이 수천, 수만 년을 버티는 것과 마찬가지의 이치이다. 산이면서 세력이 없다면 그릇이 작은 소인일 수밖에 없다. 배포와 야심이 작고 파워가 약해서 큰일을 하지 못하고, 왕성한 정기 또한 부족하기 때문에 장수하기가 힘들다.

이들 오악 중에서는 중악인 코가 주된 봉우리로, 코는 주인 노릇을 제대로 하기 위해 우뚝하게 솟아서 웅장한 위세가 있어야 한다. 또한 나머지 4악은 모두 중악을 향하여 조공을 바치듯이 응해야 하는데, 그러자면 동서남북의 4악 역시 풍요로운 세력과 위세가 있어야 한다.

만약 주인 격이 되는 중악이 너무 박하게 생겨 위세가 없으면 4악이 주인공을 잃은 격이라, 4악의 풍요로움은 오히려 주인보다 객이 잘난 격이니 운이 좋을 수가 없다. 이런 사람은 위엄과 권세가 없어서 귀하더라도 대귀大貴에는 이르지 못한다.

　이처럼 코는 우뚝해야 위엄이 있고 부富도 있으며 수명도 오래 간다. 코가 우뚝하지는 못하지만 긴 사람은 아주 장수하지는 못해도 70세의 중수 정도는 가능하며, 짧고 빈약한 코는 인생의 성공을 보기 힘들뿐더러 오래 살기도 쉽지 않다.

··· 상하좌우가 뒤로 젖혀진 얼굴은 고독하다

그러나 아무리 중악이 위세가 있어도 동서남북의 4악이 빈약하게 나지막하거나 꺼지거나 하면 아무 소용이 없다. 이렇게 되면 중악은 주변에서 받쳐주는 힘이 없는 외로운 봉우리가 되어 역시 고독하고 빈박貧薄한 일생을 보내게 된다.

　앞에서 살펴본 바와 같이 이마는 하늘을, 턱은 땅을 상징한다. 따라서 천지가 바깥으로 뒤집어지지 않고 코를 향해 동그랗게 솟아 서로 잘 응하면, 부부금슬이 좋다. 천天은 양기로 남성을 뜻하고 지地는 음기로 여성을 뜻하여, 대개 턱이 나온 사람은 사랑이 풍부하여 자신의 배우자에게 헌신적이다. 이와 반대로 천지가 서로 배반하듯 각자 뒤로 넘어지고 후퇴한 형상은 대체로 고독하기 때문에 애정운이 풍부하지 못하다.

　동서악인 광대뼈는 적당히 솟아서 양쪽에서 코를 잘 도와주어

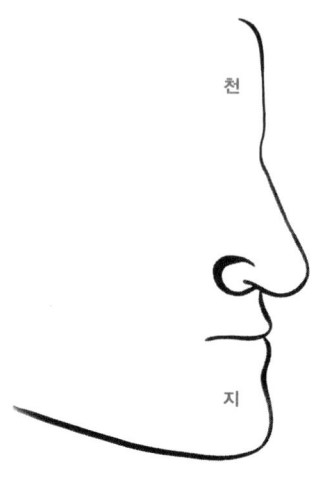

유정상조 有情相助
천지가 서로 유정하게 응하였으니, 운세가 상승하고 부부간의 애정이 풍부하다.

무정반배 無情反背
천지가 서로 무정하게 반대쪽을 향하였으니, 고독하여 애정운이 좋지 못하다.

야 한다. 광대뼈가 발달한 사람은 배짱이 두둑한데, 그 기운이 신장에서 우러나오는 것이기 때문이다. 귀의 뿌리에서부터 신장의 기운이 광대뼈를 타고 뻗어 올라오기 때문에, 광대뼈가 높은 사람은 밀어붙이는 뱃심이나 추진력이 대단하다. 그래서 왕성하게 사업을 잘 일으켜 세운 사람들은 대부분 광대뼈가 웅장하게 솟아 있다.

또한 신장의 기운이 왕성하기 때문에 광대뼈가 잘 발달한 사람은 정력도 좋고 오래 산다. 너무 많이 솟으면 광폭하기 때문에 적당할 정도로 풍요롭게 솟아야 함은 당연한 이치이다.

또한 4악이 중앙을 향해 오긋하게 싸주는 맛이 없이 바깥으로 흩어지고 뒤집어진 상은 매우 좋지 않다. 즉 얼굴에서 중앙인 코만 우뚝한 채 이마는 뒤로 넘어지고, 턱이 앞으로 약간 나온 맛이 없이 뒤로 후퇴하며, 동서악 광대뼈가 좌우로 기울어지듯이 깎인 상은, 덕과 자비심이 부족하고 심성이 독하여 빈약한 운명을 타고났다.

이러한 얼굴은 옆에서 볼 때 마치 바가지를 엎어놓은 듯이 코를 중심으로 한 중앙부가 튀어나와 있다. 오악이란 서로서로 도우면서 조응해야 하는 것이다. 코만 우뚝하고 4악이 낮은 것도 좋지 않건만, 바깥으로 뒤집어지기까지 하여 서로 등을 돌리고 있는 형국이니, 너와 내가 더불어 잘살자는 공동지심共同之心이 없다. 이런 얼굴을 지닌 사람은 나만 잘살면 된다는 마음가짐을 지니고 있는 경우가 많다.

이마 역시 벽처럼 바로 서야 하는데, 위쪽으로 갈수록 뒤로 넘어지는 것은 아무리 넓어도 소용이 없다. 만약 이마가 뒤로 드러누운 사람이면서 다른 이목구비까지 좋은 상이 아니라면, 조상을 나타내는 이마의 흉한 기운으로 인해 대대로 내려오던 집안이 몰락에 이를 수도 있다. 또한 턱 역시 너무 뾰족하고 빈약하면 말년을 다스리는 운세가 한없이 처량하여 노년이 안락하지 못하며, 자손 또한 복을 누리기 힘들다.

6가지 빛나야 하는 것
육요 六曜

··· 운명을 밝히는 별들

세상은 하늘에 해와 달이 있어 만물을 밝힘으로써 광명을 누릴 수 있다. 만약 일월日月과 같이 빛나는 존재가 없다면 이 세상은 오직 깜깜한 암흑일 뿐이다.

이와 같이 우리의 몸에도 해와 달과 별처럼, 밝은 앞날을 기약하며 살아갈 수 있게 하는 빛나는 존재들이 있다. 이를 여섯 가지 빛나는 존재라 하여 '빛날 요曜'자를 써서 육요六曜라 하며, 별에 비유하여 육요성六曜星이라고도 한다. 육요는 양 눈썹 두 개, 양 눈 두 개, 인당印堂, 산근山根을 말한다. 육요는 근본이 빛이 나야 하는 존재인데, 만약 빛이 나지 않으면 태양과 달과 별이 제구실을 하지 못함이니 밝은 앞날을 기약할 수 없게 된다.

이들은 모두 얼굴의 가장 위쪽에 모여 있으면서 정신과 마음을

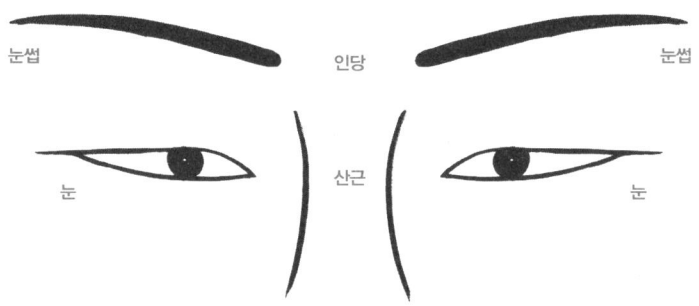

육요의 부위

육요는 양 눈썹 두 개, 양 눈 두 개, 인당, 산근을 말하며, 근본이 빛이 나야 하는 존재이다. 만약 빛이 나지 않으면 태양과 달과 별이 제구실을 하지 못함이니 밝은 앞날을 기약할 수 없게 된다. 이들은 얼굴의 가장 위쪽에 모여 있으면서 정신과 마음을 밝히고, 나아가 앞날을 밝히는 운명의 상징으로서 참으로 중요하다.

밝히고, 나아가 앞날을 밝히는 운명의 상징이니 참으로 중요하다고 아니할 수 없다. 따라서 육요가 빛나야 한다는 말은 실제로 윤택하고 빛이 나야 함은 물론이지만, 운명의 척도가 되는 중요한 부위들로서 내 인생의 빛이 되는 곳이라는 의미를 담고 있다.

눈은 일반적으로 태양이라 일컫지만 그 가운데서도 왼쪽은 태양을, 오른쪽은 달을 상징한다. 인체의 일월日月의 구실을 하는 것이 두 눈으로, 예부터 '몸이 천 냥이면 눈이 구백 냥'이라고 했다. 그만큼 눈이 차지하는 비중이 크다는 말이다. 따라서 반드시 태양처럼 빛나고 밝아야 하는데, 만약 눈이 어둡고 탁하다면 천지가 암흑이 된 격이니 어찌 그 정신과 마음이 밝고 지혜로울 수 있으랴. 눈은 마음의 창이라고도 하지 않는가.

눈의 흑백이 분명하고 태양처럼 광채가 좋은 사람은 정精과 신神이 하나같이 강하다. 눈 하나만 확실하게 잘생기고 그 기운이 좋은 사람은 설사 다른 기관이 다소 부족하더라도 어느 정도 귀격의 삶을 살아갈 수 있다.

그런데 만약 검은 동자가 한가운데 단정하게 있지 못하고 마치 쥐가 쥐구멍에서 먹을 것을 훔치려고 빠끔히 엿보듯이 일월이 삐딱한 사람, 붉은 실핏줄이 검은자위를 침범한 사람, 황적색으로 탁하거나 붉은 기운을 띠는 사람, 눈이 앞으로 많이 튀어나온 사람은 모두 운이 박복하다. 태양에 빛도 없고 윤기도 말라붙어 눈빛이 컴컴한 사람은 정精이 말라붙어 빛을 발할 수 없음이니 참으로 그 신세가 아득하다.

또한 검은자위는 흰자위보다 면적을 많이 차지해야 한다. 백기白氣는 곧 살기殺氣이니, 눈에 흰자위가 많이 보이면 그 성정이 사납다.

눈썹은 눈 위에 높게 떠 있으면서 일월을 보호하는 은하수와 같은 존재이다. 왼쪽 눈썹을 나후성羅候星, 오른쪽 눈썹을 계도성計都星이라 하여 하늘에 떠 있는 별과도 비유되니, 반드시 별처럼 높이 떠서 해와 달을 누르지 말아야 할 것이다.

또한 인체에 나 있는 모든 털은 대지의 초목에 해당하니, 초목은 너무 조밀하게 빽빽하지도 않고 너무 엉성하게 드문드문하지도 않으면서 청수하게 빼어나고 윤택해야 한다. 머리카락이나 수염이 너무 촘촘히 빽빽한 것은 탁한 털로서, 곧 둔한 사람이라 하겠다. '지혜는 생어피모生於皮毛'라 하여, 총명하고 맑은 지혜는 맑은 피부와 수려한 모발에서 나오는 것이라 했다. 가령 고추밭에 고추나무를 너무 빽빽하게 심어놓으면 오히려 열매가 부실해지는 경우와 마찬가지이다.

눈썹은 또한 그 길이가 길수록 좋으며, 만약 짧더라도 최소한 눈보다는 길어야 한다. 또한 눈썹의 털은 어느 정도 무성하고, 가닥 하나하나가 수려하고 힘 있게 뻗어주어야 한다. 숯을 붙여놓은 듯이 빽빽하지 말고, 눈썹 털 사이로 살빛이 은은하게 보일 정도로 청수해야 한다. 양 눈썹이 서로 닿을 듯이 붙어 있거나 짤막하거나 황적색으로 누리끼리하면 역시 좋지 않다.

특히 양 눈썹은 서로 멀찌감치 떨어져야지, 만약 닿을 듯이 가까우면 인당을 침범하는 격이 되어 아주 좋지 않다. 인당은 바로 운명과 목숨을 관장하는 명궁命宮이므로 이를 침범한다는 것은 나의 명과 운을 해치는 것이 된다. 눈과 눈썹 사이가 너무 가까워 눈을 압박하는 것 역시 참으로 좋지 않은데, 해와 달보다 훨씬 높이 떠서 보호하는 형상이 되지 못하고 가까이 침범한 격이 되기 때문이다.

··· 눈썹 사이와 눈 사이에 무엇이 있는가

인당은 양 눈썹 사이(미간)에 자리 잡고 있으면서 이마를 대표하는 존재이다. 인당을 명궁命宮이라고도 하는데, 이는 마음을 관장하고 정신력을 반영하는 운명의 척도가 되기 때문이다. 명예·학문·재물·건강·부부운 등 모든 측면에서 그 사람의 운명을 나타내는 상징적인 존재가 바로 인당인 것이다. 따라서 인당이 잘생긴 사람은 머리가 좋고 마음이 원만하며 덕이 많아 모든 일에 막힘없이 순조로운 삶을 살아가게 된다.

또한 인당을 자기성紫氣星이라고도 하는데, 이는 인당이 은은한 자색을 띠게 되면 대운이 열리기 때문이다. 인당은 밝고 맑고 깨끗하면서 빛이 나야 한다. 인당이 어둡거나 이곳에 주름살·마마자국·점·사마귀 등이 있으면 참으로 좋지 않다. 또한 인당은 이마 전체의 모습과 마찬가지로 둥글둥글하면서도 약간 모난 듯이 방원方圓해야 한다. 인당은 이마의 축소판으로, 하늘은 둥글고 땅은 모가 난 천지天地의 이치를 담고 있기 때문이다.

인당이 좁은 사람은 마음이 좁고, 지혜와 덕도 부족하다. 인당이 밝고 빛나는 것은 마음이 항상 밝고 정신이 깨어 있기 때문이며, 인당이 어두운 사람은 마음에 수심이 많고 정신이 맑지 못하기 때문이다. 대뇌·소뇌의 기운이 인당으로 뻗어 나와 우리의 생각과 마음이 모두 이를 통해 반영되므로, 불교에서는 인당을 심방(心室: 마음의 방)이라고도 한다. 그뿐 아니라 인당은 바로 지혜의 총본산이기 때문에, 인당이 널찍하고 풍요로우면 학문을 크게 이루고, 좁고 빈약하면 배움과 지혜가 부족하다.

산근山根은 인당의 바로 아랫부분인 양 눈 사이로, 코가 시작되는 부분을 말한다. 월패성月孛星이라고도 하며, 코가 나 자신임에 비해서 산근은 조상의 기운을 담고 있다. 천인지 삼재三才의 원리대로 이마는 하늘이요 턱은 땅이며 그 가운데 사람이 사는 것으로, 코는 바로 나 자신을 의미한다. 그러한 나는 어디서 왔는가 하면, 바로 조상으로부터 떨어져 나온 존재이다. 산근의 위대성은 조상의 기운이 면면히 내려와 뭉쳐진 존재라는 점이다.

따라서 산근은 평만平滿하면서 부드러운 곡선을 이루어야 한다. 이마의 웅장한 기운을 타고 내려와 산근에 이르러 슬쩍 원만하게 굴곡을 이루었다가 다시 코의 왕성한 기운으로 이어져야 하는 것이다.

산근은 조상의 기운이 나의 대에 와서 복을 이루는 곳인데, 만약 이마에서 산근에 이르는 연결선이 부드러운 쿠션을 이루지 못하고 절벽처럼 푹 꺼져버리면 좋지 않다. 이렇게 되면 조상의 기운이 끊어져 자손을 잇기가 힘들거나 부부운이 좋지 않다. 반대로 산근이 너무 높아 이마에서 코가 시작되는 부위까지가 거의 일직선을 이루게 되면, 운이 너무 거세어 재운이나 처자운이 좋지 않다. 조상의 기운은 나를 통해 나의 후손으로 계속 이어지는 '계승'의 의미가 가장 중요한 것이다. 따라서 자식과, 자식의 생산을 담당할 배우자운이 또한 이곳에 있다.

    옆에서 볼 때 이마와 코의 왕성한 기운의 중간에 있는 산근은, 멀리뛰기 선수가 열심히 달려와 출발선에서 일순간 멈추어 적절한 호흡으로 힘을 모은 뒤 멀리 도약하듯이, 부드럽고 완만한 능선을 그리면서 탄력성 있게 이어져야 한다.

12가지 운명을 읽는 얼굴 부위
십이궁 十二宮

12궁이란 인간 삶에 있어서의 여러 가지 운세를 읽을 수 있는 얼굴 부위를 말한다. 이를 통해 운명의 척도 및 수명과 건강을 비롯하여, 부모·형제·부부 등의 육친관계에서 친구·주변 사람들의 인덕, 재물·명예·학문에 이르기까지, 인생의 전반적인 면을 살펴볼 수 있다. 이 부분의 생김새에 따라, 넉넉하거나 부족하거나 있거나 없기도 하는 부귀빈천富貴貧賤이 갈린다.

••• 모든 운명의 척도가 되는 인당(명궁)

명궁命宮이란 인당의 별칭으로, 그 위치는 양미간에 있다. 수명뿐만 아니라 부귀와 빈천, 길흉과 선악, 학문과 성품, 건강과 체질 등을 간파할 수 있는 곳이라 하여 명궁을 이른바 운명의 척도라고도 한

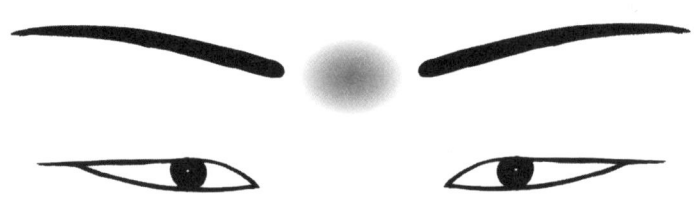

인당은 생명과 운명의 척도

인당은 일생의 모든 일을 총괄하여 관장하는 곳으로, 한 점의 티도 없이 잘생겨야 한다. 부귀와 빈천, 길흉과 선악, 학문과 성품, 수명과 건강 등을 간파할 수 있어, 모든 운명의 척도가 된다.

다. '명命'이라는 말을 단순히 수명의 뜻으로만 보는 것은 맞지 않다. '미인박명美人薄命'이라는 말 역시 단순히 '명이 짧다'는 의미로서가 아니라, '운명이 박하다'는 뜻으로 새겨야 한다.

인당은 그 사람의 기氣와 정신이 집약된 곳으로, 그때그때 운명의 중요한 변화에 따라 길흉과 희로애락이 이곳의 기색氣色으로 드러난다. 따라서 기색을 살필 때는 인당이 가장 중요한 척도가 된다.

인당의 기색은 항상 밝고 깨끗하고 윤택해야 하며, 그 모양은 넓고 평평하고 풍만해야 한다. 만약 인당의 기색이 어두우면 푸른 하늘에 먹구름이 낀 격이니, 어찌 좋은 결과를 기대할 수 있겠는가. 단적인 예로, 사람이 죽을 때가 되면 마침내 인당에 검은 구름이 끼는 것을 보아도 인당의 기색이 얼마나 중요한 것인지를 알 수 있다.

또한 인당은 학문의 성패를 가늠하는 곳으로, 인당이 수려하면 학문에 뛰어난 성과를 이룰 수 있으며, 인당이 어둡거나 흉터·주름살·점 등과 같은 뚜렷한 흠이 있으면 학업에 큰 지장을 가져오고 여러 가지 고난에 직면하게 된다.

인당이 소속된 장기臟器는 심장으로, 이는 곧 가슴이요 마음이다. 따라서 인당이 넓고 풍만한 사람은 심폐의 왕성한 기운을 받아 마음이 넓고 이해심이 넉넉하지만, 반대로 인당이 좁은 이는 마음이 좁아서 아량이 부족할 뿐만 아니라 매사에 갈등이 많다. '미련眉連하다'는 말은 바로 '양 눈썹[眉]이 붙었다[連]'는 의미로, 눈썹 사이가 가까우면 곧 인당이 좁을 수밖에 없어, 좁은 소견에 미련함은 당연한 이치이다. 반대로 인당이 지나치게 넓다는 것은 눈썹머리가 부실하거나 눈썹이 짧다는 의미로, 인당의 기운이 허하여 뭉쳐지지 못하고 흩어져버린다.

또한 인당은 산근이 튼튼히 받쳐주어야 한다. 만약 산근이 꺼지든지 너무 높든지 하면 인당이 무력해져서 제 기능을 발휘하기 어려우므로, 다른 부위와 적절히 조화를 이루는 것이 중요하다.

··· 재물운을 다스리는 코(재백궁)

재백궁財帛宮은 코의 별칭으로, 오행상으로 중앙에 자리 잡은 토土의

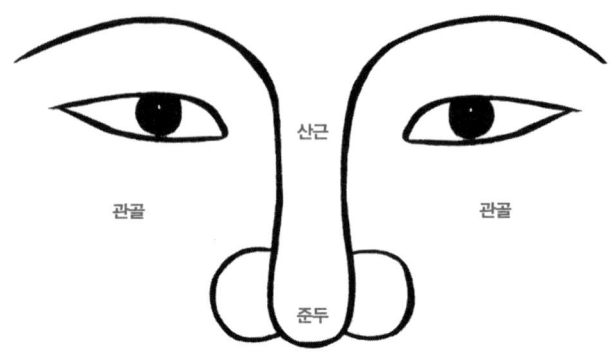

코는 재물을 모으고 보관하는 곳
코의 기운이 제대로 발휘되기 위해서는 산근이 평만(平滿)하게 잘생겨야 하며, 좌우 광대뼈가 적당히 솟아서 보좌역할을 잘해줘야 진정한 재물운을 발휘할 수 있다.

기운을 지닌다. 얼굴에서 재물·재산운을 보는 부위가 여러 곳이 있으나, 코는 두터운 땅에 해당하는 존재로 토생금土生金의 원리에 따라 재물(金)을 관장한다.

  코는 적당히 높고 길어야 하고, 살점이 두둑하여 뼈가 드러나지 않아야 하며, 비뚤어지거나 울퉁불퉁한 마디 없이 곧게 뻗어내려야 한다. 코의 기운이 제대로 발휘되기 위해서는 산근이 평만平滿하게 잘생겨야 하며, 좌우 관골(광대뼈)이 적당히 솟아서 보좌역할을 잘해줘야 진정한 재물운을 발휘할 수 있다.

  코의 맨 아랫부분을 준두準頭라고 하는데, 준두는 살비듬이 풍만해야 재복이 많고 운이 왕성하다. 또한 양쪽 콧방울이 도톰하면서도 콧구멍과 조화를 잘 이루어야 한다. 콧방울은 재물을 보관하는 금고라 하여 금갑金甲이라고도 하는데, 이곳이 얄팍하면 재산을 제대로 보관할 수 없으므로 적당한 살집이 있어야 한다. 너무 두툼하여 콧구멍이 작아지는 형상은 구렁이처럼 자기 것만 챙기는 욕심쟁이이다.

앞에서 보았을 때 코끝이 약간이라도 내려온 맛이 있어서 비공(鼻孔: 콧구멍)이 약간만 보여야지, 만약 하늘을 향하여 비공이 모두 노출된 들창코라면 재물복·배우자복이 박한 상이다. 재물창고의 문이 허랑하게 밖을 향해 열려 있어 다 빠져나가게 생겼는데 어찌 재복이 있기를 바라겠는가. 반면, 비공이 전혀 보이지 않는 사람은 철두철미하게 물질을 추구하는 자로서, 이기적인 수전노이다.

매부리코는 사냥에 능한 매처럼 아주 유능하고 초인적인 능력을 지녔다. 미국의 전 국무장관인 키신저와 같이, 생활력·개척력이 강한 유태인들 중에 매부리코가 많다. 전형적인 매부리코를 타고난 사람은 40대에 전성기를 이룬다. 쓸개를 매달아놓은 듯한 코(현담비)는 많은 부를 이루고, 대나무를 곧게 자른 듯한 코(절통비)는 부귀를 겸비한다.

··· 부동산운을 다스리는 눈(전택궁)

전택궁田宅宮은 눈과 눈두덩을 일컫는 것으로, 이곳 역시 코와 더불어 재물운의 근간이 된다. 구분하자면 재백궁인 코가 현금 등과 같은 동산動産이라면, 전택궁인 눈은 밭과 집이라는 글자가 의미하듯이 부동산을 말한다. 큰 재산을 이루자면 코도 잘생겨야 하지만, 금방 털어먹지 않고 오랫동안 부귀를 누리기 위해서는 눈이 잘생겨야 한다.

눈에는 음양이 함께 존재한다. 눈이 검다는 것은 물(水)기운이 집약된 것으로 물은 곧 음의 정기(精)요, 빛이 난다는 것은 불(火)기

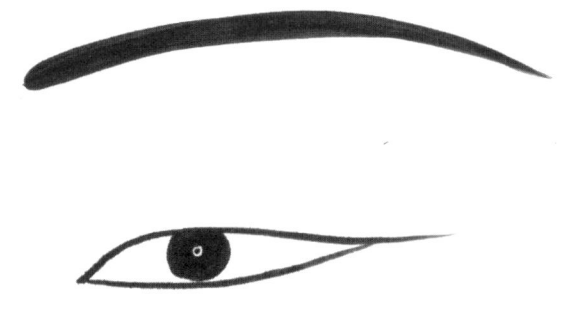

눈과 눈두덩은 부동산운을 다스리는 곳
눈썹과 눈 사이는 넓을수록 좋으며, 눈의 정기와 마찬가지로 진액이 충만하여 색이 윤택하고 아름다워야 한다.

운이 집약된 것으로 불은 곧 양의 신기(神)이다. 따라서 인간의 정신精神이 함께 눈에 깃들어 있는 것이다. 이때 정精은 곧 혈액의 에너지에서 나오며, 신神은 뇌의 에너지에서 나온다.

따라서 눈이 검고 맑고 빛나는 사람은 정신력·에너지가 충만한 사람이다. 검은자위가 검고 짙을수록 물기운이 충만하여 풍요로운 부를 이루고, 검지도 윤택하지도 못한 탁한 눈은 정이 부족하여 재복 자체와 거리가 멀다.

특히 검은자위에 굵은 핏줄이 가로로 침범하거나 실핏줄이 이리저리 침범하면 가장 두려운 것으로, 적赤은 곧 재앙의 살기殺氣를 의미하여 생명과 재산에 치명적인 화를 미칠 수 있다. 검은자위를 침범하지 않고 흰자위에 실핏줄이 약간씩 있는 것은 크게 문제 되지 않는다.

또한 눈은 흑백이 분명해야 하고 한 가지 모양으로 생겨야 하는데, 얼른 보아서 알 수 있을 정도로 짝눈이면 이미 귀한 눈이 되지 못한다. 약간 가늘면서 길고 눈꼬리가 살짝 올라간 봉황의 눈(鳳目), 봉황의 눈과 같으면서 세로로 더 큰 용안龍眼 등은 매우 드물면서 대귀大貴한 눈으로, 부를 추구하면 재벌이 되고 명예를 좇으면 가히 왕이나 고관대작이 될 법한 상이라 할 수 있다.

··· 부모운을 다스리는 일월각(부모궁)

부모궁父母宮은 이마 위쪽 중앙의 두 부분으로 일월각日月角이라 하며, 이를 통해 부모운을 본다. 그중에서도 남성의 경우 왼쪽은 일각日角으로 아버지를, 오른쪽은 월각月角으로 어머니를 나타낸다. 여성은 반대이다.

일월각은 둥글게 높이 솟아서 깨끗하게 기색이 좋아야 하며, 그 기운이 위로는 정수리까지, 옆으로는 천창(天倉: 이마의 양 가장자리 부분)까지 뻗쳐 있으면 부모가 모두 영화롭고 장수한다.

따라서 일월각이 좋으면 일생을 두고 부모·조상·웃어른의 음덕이 나에게 미치며, 부모 역시 건재하고 장수한다. 또한 일각과 월각 사이가 너무 좁지 않고 널찍한 것이 좋은데, 해와 달, 음과 양이

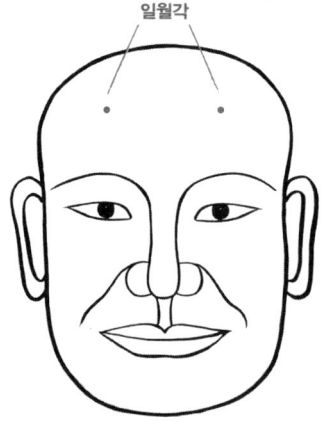

일월각은 부모의 음덕을 보는 곳
일월각은 둥글게 높이 솟아서 깨끗하게 기색이 좋아야 한다. 그리고 그 기운이 위로는 정수리까지, 옆으로는 천창까지 뻗쳐 있으면 일생을 두고 부모의 음덕이 나에게 미치며, 부모 역시 건재하고 장수한다.

너무 가까이 있으면 마찰이 있을 수 있으므로 어느 정도 거리를 유지해야 하는 것이다.

예부터 이마가 넓고 높으면 부모덕이 있고 관록이 많다고 하였다. 부모를 잘 만나 학문을 제대로 배우면서 어린 시절을 탄탄하게 닦았으므로 출세하기 쉬운 이치이다.

일월각이 솟지 않고 내려앉았다면 부모운이 나빠 어려서 부모를 잃거나, 부모가 있다고 하더라도 일찍 부모 곁을 떠나 자수성가하게 되는 수가 많다. 일월각 중의 하나가 기울어졌을 경우에도 일찍 부모 중의 한 분을 여의거나, 새아버지나 새어머니를 모시게 될 수 있다. 일월각의 기색이 어두우면 부모에게 화가 미치는 징조로, 검푸르거나 하얗게 되면 근심·질병·사망 등 부모에게 여러 가지 변괴가 일어날 수 있다.

··· 형제운을 다스리는 눈썹(형제궁)

형제궁兄弟宮은 양 눈썹을 말하는데, 형제의 다복함과 우애 등을 본다. 눈썹이란 마치 기러기가 선두를 중심으로 나란히 질서정연하게 날아가는 모습과 닮아 있듯이, 형제간의 의로움을 상징한다.

따라서 눈썹이 난초잎처럼 수려하게 길고 털이 가지런하게 잘 나서, 중간에 빠지거나 산란하지 않으면 형제운이 좋다. 눈썹이 길게 눈을 지나면 형제가 건재하고, 너무 빽빽하지도 성기지도 않게 속살이 약간 비칠 정도로 수려하면 다복하기 그지없다.

눈썹이 힘 있고 윤택한 사람은 신기腎氣와 간기肝氣가 왕성한 사람이다. 마치 쑥대밭처럼 울창한 눈썹은 둔탁하고, 얼기설기하게 흩어지거나 드문드문 엉성한 눈썹은 정신이 산만하며 형제궁도 좋지 않다. 또한 눈썹이 짤막하고 털이 거칠거나 중간에 끊어지거나 하면 동기간이 외로워서 형제가 없거나, 있더라도 화목한 우애를 나누기가 힘들다.

또한 눈썹은 높이 뜰수록 좋은데, 원래 자연의 별도 해와 달보다 훨씬 더 높은 창공에 떠 있는 존재이다. 따라서 이마인 하늘에 높이 떠서 해님과 달님을 보호해야 하는데, 그렇지 않고 눈썹이 너무 낮게 떠 있어 자신의 영혼과 정신의 정기가 깃든 눈을 내리누른다면

형제궁이 좋은 눈썹

눈썹은 기러기가 선두를 중심으로 나란히 질서정연하게 날아가는 모습과 닮아, 형제간의 의로움을 상징한다. 난초잎처럼 수려하게 길고 털이 가지런하게 잘 나서, 중간에 빠지거나 산란하지 않은 눈썹은 형제운이 좋다.

어찌 되겠는가. 아울러 주름살이 양쪽 눈썹머리 사이를 가로막아 마치 형제궁을 갈라놓듯이 방해하는 형상이면, 집안이 기울면서 동기간이 뿔뿔이 이산가족이 되기도 한다.

이외에 동글동글 꼬인 눈썹, 양쪽이 붙을 정도로 가까운 눈썹, 황색으로 누리끼리한 눈썹, 털이 너무 거칠어 마치 허공을 향해 삐죽삐죽 서 있는 듯한 눈썹 등은 모두 동기간에 우애와 다복함을 기대하기 힘들다. 눈썹뼈는 왕성하게 일어났으나 털이 부족한 눈썹 역시 나무가 없는 험준한 돌산(石山)의 형상이라, 성격은 용맹스러우나 난폭하거나 불의를 저지르는 수가 많아 형제를 극한다.

일월각·눈 등과 마찬가지로 두 눈썹의 모양이 확연히 다르면 이부모異父母를 모시게 되는 수가 많다.

··· 남녀운을 다스리는 눈꼬리(남녀궁)

남녀궁男女宮은 눈꼬리를 말하는데, 윗꺼풀(上波)과 아랫꺼풀(下波)이 딱 마주치는 곳이 어미이고, 그 다음에 이어지는 선이 간문이다. 눈꼬리가 마치 물고기의 꼬리 모양과 닮았다 하여 어미魚尾이고, 남녀문제가 발생하는 곳이라 하여 간문姦門이라 한다.

이곳을 통해 부부간의 금슬이나 남편덕·처덕의 좋고 나쁨, 이성문제 등을 살필 수 있다. 어미와 간문이 좋으면 좋은 배우자를 만나 행복한 일생을 보내게 되지만, 이곳이 나쁘면 온갖 풍파를 겪게 된다.

    남녀운은 어미가 죽지 않고, 간문이 풍요롭게 탄력이 있고 윤택해야 하며, 광대뼈가 풍만하고 좋으면 그 기운이 위로 죽 올라가면서 간문이 죽지 않게 된다. 간문이 오목하게 꺼져 있으면 배우자의 인연이 부족하여 부부간에 이별수가 있거나 아주 늦게 결혼을 하게 된다.

    특히 눈꼬리가 너무 아래로 처지거나 검은 사마귀가 있거나 뼈

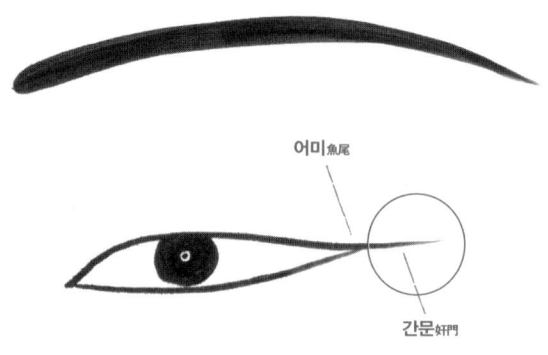

어미 魚尾
간문 奸門

눈꼬리가 수려하면 부부궁이 좋다
남녀운은 어미가 죽지 않고, 간문이 풍요롭게 탄력이 있고 윤택해야 한다. 간문이 오목하게 꺼져 있으면 배우자의 인연이 부족하여 부부간에 이별수가 있거나 아주 늦게 결혼을 하게 된다.

딱한 주름이 산란하게 있는 사람은, 배우자를 두고 다른 이성을 탐하거나 배우자에게 폭행을 일삼는 등 스스로 파경을 자초하는 경우에 속한다.

그러나 남녀궁은 어미·간문 말고도 보는 부위가 많아 함께 연계시켜서 보아야 하는데, 대표적으로 꺼리는 몇 가지를 들면 다음과 같다.

눈썹이 너무 낮아서 눈을 압박하듯이 누르는 형상은 단짝인 눈썹이 눈을 핍박하는 모양이라 남녀궁이 흉하다. 눈썹의 꼬리가 아래로 축 처져서 간문을 압박하는 형상, 눈썹뼈가 칼등처럼 솟은 형상은 기질이 너무 강하므로 모두 배우자를 극하는 상이다. 털이 꼬불꼬불하거나 사납게 거슬러 났거나 억세어 뻣뻣이 일어난 눈썹도 마찬가지이다. 인당에 천川자 주름이나 바늘처럼 가는 주름살이 있는 경우, 천창이 함몰된 경우, 산근이 끊어지거나 가늘거나 사마귀·점이 있거나 가로주름·팔자주름이 있거나 말라붙거나 하면 모두 남녀운이 좋지 않은 상으로 본다.

··· **자녀운을 다스리는 와잠**(자녀궁)

자녀궁子女宮은 눈 아랫꺼풀의 볼록하게 부어오른 부분을 말한다. 마치 누에가 누워 있는 모양과 같다 하여 '누에 잠', '누울 와'자를 써서 와잠臥蠶이라고 하며, 눈물이 흘러내리는 곳이라 하여 '눈물 누' 자를 써서 누당淚堂이라고도 한다. 이곳을 통해 자녀운이 좋은지를 살피는데, 자신의 인생을 통해 탄생시킨 최고의 열매이자 늙은 뒤 자신이 의탁할 자식이므로 복덕궁福德宮이라고도 한다.

자녀궁이 잠재된 와잠은 조상의 기운과 자신의 의무로서 대를 이을 수 있는 기틀이 마련되는 곳으로, 조상과 나의 음덕이 서려 있다. 이곳은 귀와 아울러 신장에 속하는 부위이므로, 남녀의 생식기능과 밀접한 관련을 지닌다.

와잠은 마치 누에가 누워 있듯이 탄력 있게 살점이 도도록하고

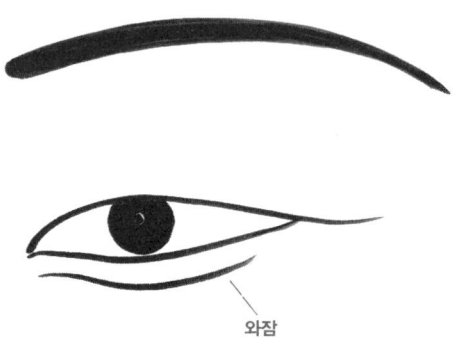
와잠

와잠이 윤택하고 풍요로우면 자식궁이 좋다
와잠은 대를 이을 수 있는 기틀이 마련되는 곳으로, 조상과 나의 음덕이 서려 있다. 이곳은 신장에 속하는 부위이므로, 남녀의 생식기능과 밀접한 관련을 지닌다.

윤택하게 밝으면 자손 기운이 왕성하여, 옛날 같으면 7~8명의 자식을 둘 수 있다. 만약 이곳이 움푹 패었거나, 꺼칠하게 말라붙었거나, 검푸르거나, 사마귀·점이 있거나, '우물 정井'자나 십+자의 주름 또는 바늘 같은 현침문懸針紋이 세로로 있으면 자녀운이 박하여 자식을 두지 못하고, 있더라도 슬하에서 기르지 못해 멀리 떠나 살게 되는 경우가 많다.

자녀궁 역시 와잠이 주된 소관처이기는 하지만, 다른 여러 부위에서도 자녀를 극하는 상이 많으므로 대표적인 몇 가지를 살펴보면 다음과 같다.

①산근이 끊어지거나 가로주름이 있는 경우 ②콧날에 가로주름이 있는 경우 ③광대뼈에 살이 없어 뼈가 사납게 돌출되거나 뾰족하게 튀어나온 경우 ④인중의 골이 뚜렷하게 깊이 패지 않고 평평한 경우 ⑤귀의 속바퀴가 마치 다리미로 다려놓은 듯이 밋밋한 경우 ⑥입이 마치 촛불을 끌 때처럼 뾰족하게 튀어나온 경우 ⑦얼굴의 인상이 우는 상인 경우 ⑧눈이 너무 옴팍하게 깊거나, 누르께하게 탁하거나, 뱀눈처럼 붉은 경우 ⑨눈빛이 너무 약한 경우 ⑩몸의 피부가 뱀 껍질과 같은 경우 등은 자식운이 빈박하다.

⋯ 아랫사람운을 다스리는 지각(노복궁)

노복궁奴僕宮이란 지각(地閣: 턱의 중앙 부분)을 비롯하여 턱 전체를 말한다. 이곳을 통해 부하·아랫사람 등 자신을 따르는 수하자에서부터 광범위한 인간관계까지 포함하는 운을 살필 수 있다. 즉 인덕人德의 유무를 보는 곳으로, 인덕이 좋으면 노복궁이 좋다고 하고, 반대로 은혜를 베풀었으나 아무런 공이 없을 경우 인덕이 없다고 한탄을 한다.

턱이 풍만하게 둥글둥글하면 덕과 복이 있어 따르는 자가 많다. 이마는 하늘로 양陽이고, 턱은 땅으로 음陰에 해당한다. 양은 노출되고 드러난 것이고, 음은 숨어 있고 내재된 것이니, 사람에게 덕이 있다는 것은 바로 음덕陰德을 의미하는 것이다. 턱이 덕스럽게 풍요로운 사람은 대개 베풀기를 좋아하여, 자연의 이치대로 그 덕이 인덕으로 자신에게 되돌아와 말년까지 복된 삶을 누린다.

특히 양쪽의 턱뼈가 발달하여 둥글면서도 담벼락이 선 듯 방원(方圓: 둥근 듯 네모난 모양)한 사람은 왕성한 의욕을 타고나 무서운 노력을 하는 의지파이다. 따라서 이곳을 담과 벽이라는 뜻으로 장벽牆壁이라 부르기도 한다. 이마가 다소 빈약해도 하관이 발달한 사람은 무서운 추진력을 지녀, 성공한 사업가 중에 턱과 광대뼈가 발달한 사람들이 많다. 지각이 풍만하다 보면 얼굴 전체가 풍만하게 되어 있다.

반대로 지각이 너무 뾰족하고 하관이 빈약한 경우, 더욱 심하게

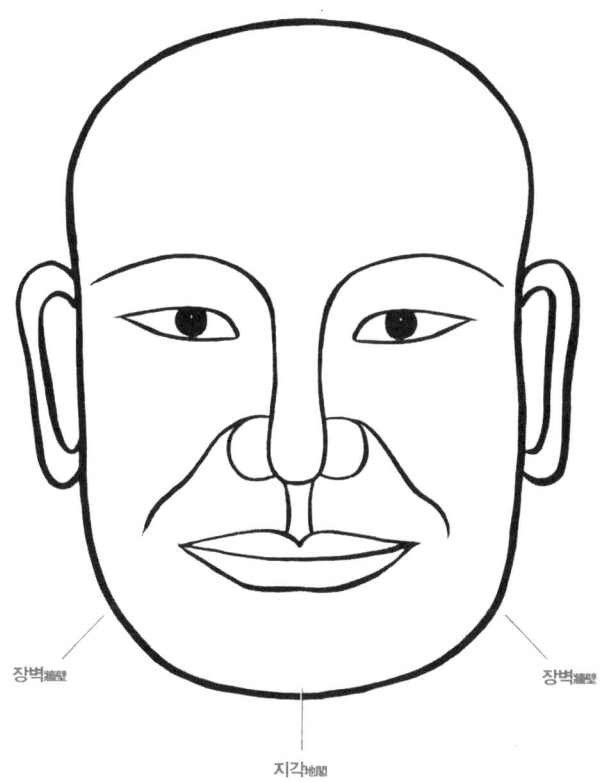

턱이 잘생기면 인덕이 좋다

턱이 풍만하게 둥글둥글하면 덕과 복이 있어 따르는 자가 많다. 특히 양쪽의 턱뼈가 발달하여 둥근 듯 네모난 사람은 왕성한 의욕을 타고나 무서운 노력을 하는 의지파이다.

는 턱이 함몰되어 찌그러지면 참으로 복이 없어, 은혜를 베풀어도 돌아오기는커녕 반대로 갚는 수도 많다.

인덕이나 인기운人氣運은 턱과 함께 눈썹·광대뼈·법령 등이 모두 해당된다. 눈꼬리가 살짝 올라가고 눈썹이 수려한 사람은 남들로부터 호감을 사고, 법령이 널찍하고 둥글게 원만한 사람이나 광대뼈가 적당히 발달한 사람도 모두 주위 사람들에게 인기가 좋다.

••• 질병운을 다스리는 산근(질액궁)

질액궁疾厄宮은 양 눈 사이의 산근山根을 말하며, 건강·질병과 길흉의 재난을 살피는 곳이다. 우리의 얼굴을 인체에 대비하면 인당이 머리에 해당하고, 코가 몸통, 눈썹이 양팔이 되며, 법령이 다리가 된다. 몸통에는 오장육부五臟六腑가 모두 들어 있는데, 산근이 질액을 살피는 부위가 되는 이유는 바로 오장육부에 해당하는 코의 근본이 되는 곳이기 때문이다.

얼굴의 산山에 해당하는 코의 뿌리(根)라고 하여 산근이 아닌가. 오장의 뿌리로서 건강의 바로미터가 되는 산근에서 시작하여, 산기슭인 콧대를 지나 마침내 산봉우리인 준두準頭에 이르게 되는 것이니, 그 뿌리가 튼실하지 못하다면 산은 곧 허물어지고 말 것이다.

따라서 풍만하고 널찍하고 빛나는 산근은 조상의 멋진 기운이

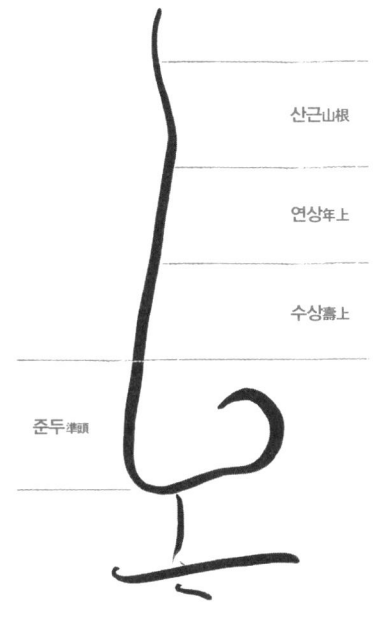

수본비

수본비(守本鼻)는 단정하고 귀티 나는 코로, 산근이 힘 있게 인당 위로 꿰어 올라간 듯하며 길고 기세 있게 내려온 연상·수상·준두에 콧방울이 단정·분명하다. 온유한 성품에 배우자운이 좋아 평생을 원만하게 부귀를 누릴 수 있다.

제대로 당대에 이른 것으로, 무궁한 조상의 복록을 받게 된다. 산근이 마치 물소 뿔을 박아놓은 듯이 그 기운이 웅장하게 이마까지 쫙 올라가 있으면 학문으로 명성을 얻게 된다. 만약 산근이 지나치게 높거나 낮거나, 혹은 갑자기 끊어지거나 함몰되거나 하면 복을 제대로 받지 못할 운을 타고난 셈이다.

특히 코는 오장 중에서도 위장에 소속되어 있으므로, 선천적으로 위가 허약한 사람은 대개 산근이 끊어질 듯이 약한 경우가 많다. 산근은 윤택하며 밝은 황색을 띠는 것이 좋은데, 만약 산근에 나쁜

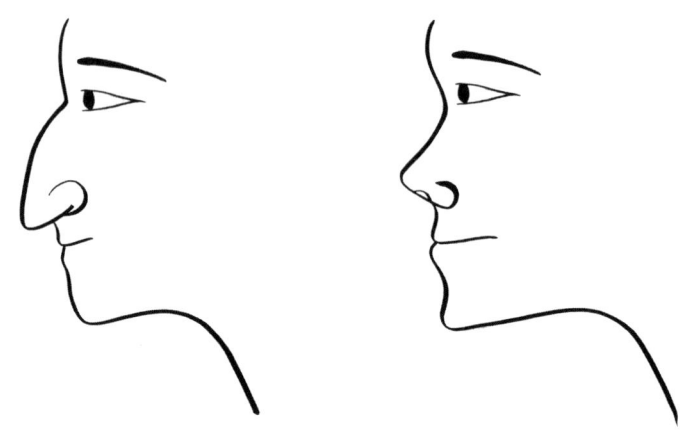

천담비와 무능비

천담비(天膽鼻)는 산근이 끊어질 듯 약하나 콧대가 극히 높고 살집이 풍부하여 코 전체가 크고 힘이 있는 반면, 콧방울은 그다지 크지 않다. 담대하고 지모까지 갖추어, 일찍부터 맨주먹으로 온갖 고초를 헤치고 성공한다(왼쪽).

무능비(無能鼻)는 산근이 낮고 콧대가 죽은 데다, 준두가 뾰족하고 비공(콧구멍)까지 노출된 박복한 코이다. 심약하여 사업은 맞지 않고, 직장생활이나 기술자가 제일이다(오른쪽).

색이 비치면 그해에 흉한 일이 생기는 경우가 있으니 유의해야 할 것이다.

    예를 들어 흑기黑氣가 짙으면 큰 병을 앓고, 백기白氣가 비치면 부모상을 당할 수 있다. 주름·사마귀가 있는 것 역시 좋지 않다. 산근은 또한 한 집안 식구인 연상年上·수상壽上의 콧대와 인당을 함께 봐야 제대로 그 기운을 읽을 수 있다.

··· 명예운을 다스리는 천창(천이궁)

천이궁遷移宮은 눈썹 끝에서 이마 양 가장자리까지인 천창天倉을 말하는 것이다. 천이는 '옮긴다'는 뜻이지만, 평범한 이동이 아니라 지위의 높낮이를 동반하는 것이므로 영전·좌천 등을 의미한다. 천이궁을 단순히 이사·변동·여행 등의 운으로 보는 경우가 많은데, 그 기본 뜻은 벼슬을 높인다는 뜻이니 현대식 표현으로 하면 승진운을 보는 곳이라 할 수 있다.

천창은 복덕을 보는 복덕궁福德宮이기도 한데, 사실 두 가지를 함께 다루어야 한다. 천창이 풍만豊滿하게 가득하고 높이 솟아 수려하게 생기면 복덕이 많아서 높은 벼슬도 하고 복록을 누린다는 의미이다. 옛날의 고관대작들이 사모관대를 쓸 때, 이마가 풍만하게 꽉 차야 위풍이 당당했다. 그렇지 못하고 이마가 빈약하고 좁으면, 사모를 올려놓아 봤자 제대로 풍채가 나지 않는다. 지위에 걸맞은 격 있는 이마를 타고나게 된다는 말이다.

천창은 둥근 듯하면서도 널찍하게 네모를 이루어야 한다. 천창의 기운이 좋으려면 광대뼈에서부터 풍만하게 기세를 몰아붙여, 눈꼬리에 이르러서도 기운이 죽지 않고 뻗어 올라가서 천창까지 이르러야 한다. 아래로는 광대뼈의 기운이 하관의 턱까지 죽 이어져야 전체적으로 멋지고 당당한 윤곽을 형성하게 된다.

천창에 짙은 황색의 윤기가 비치면 희색喜色으로, 관직에 경사

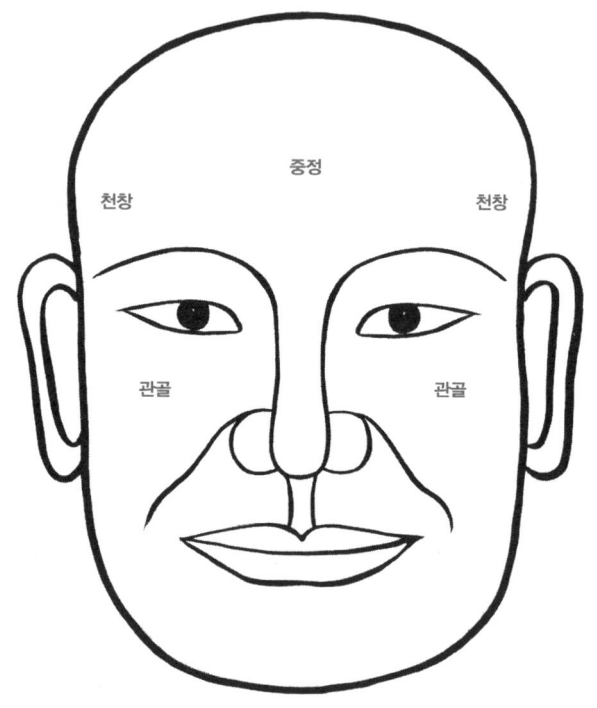

천창이 좋으면 벼슬을 하고 복록을 누린다

천창은 둥근 듯하면서도 널찍하게 네모를 이루어야 한다. 천창의 기운이 좋으려면 광대뼈에서부터 풍만하게 기세를 몰아붙여, 눈꼬리에 이르러서도 기운이 죽지 않고 뻗어 올라가서 천창까지 이르러야 한다.

가 생긴다. 반대로 이곳이 어두우면 진급은커녕 그 지위가 위태롭다. 따라서 이곳이 영전과 좌천의 이동운을 나타낸다 하여 역마궁驛馬宮이라 부르기도 한다.

이때는 꼭 눈썹의 색깔을 함께 보아야 하는데, 눈썹에 맑은 빛이 나면 반드시 기쁜 일이 생긴다. 뻗어나는 초목의 생기가 빛을 발하는 원리로, 새롭고 힘찬 운명의 발단이 눈썹 끝인 초목의 생기를 통해 빛으로 뿜어져 나오는 것이다.

··· 관록운을 다스리는 중정(관록궁)

관록궁官祿宮은 이마의 중앙인 중정中正을 말한다. 높은 관직에 오를 것인지를 살펴보는 부위로, 이마 전체의 생김새와 함께 관록운을 관장한다. 사실 이마는 부위별로 따로 보는 것보다 전체적인 기세를 한꺼번에 살피는 것이 중요하다.

이마는 얼굴의 가장 높은 곳에 있는 상정上停으로, 그 사람의 귀격貴格을 판단하는 부위이다. 그 이마의 중앙부를 차지하는 중정은 이마의 귀기貴氣가 집약된 곳으로, 이마 중에서도 관록궁의 대표주자가 되는 것이다. 관록궁이 풍요롭게 솟아 있으면서 밝게 빛나고 깨끗하면 모든 무리에서 뛰어난 존재가 된다.

이마가 전체적으로 잘생기려면 벽이 우뚝 서 있는 것처럼 뒤로 넘어지지 않아야 하며, 마치 간을 엎어놓은 듯이 도톰한 모양을 이루어야 한다〔立壁覆肝〕. 또한 이마의 모양이 천川자의 형상을 이루어, 중앙의 천주골天柱骨을 중심으로 양쪽 보골輔骨이 세 개의 기둥처럼 뻗어 올라가야 한다〔額如川字〕. 이처럼 수려한 이마에다 일월각까지 당당하게 생기면 금상첨화로, 관록뿐만 아니라 모든 면에서 이름을 드높이게 된다.

이마가 좁거나 함몰되거나 비뚤거나 산란한 주름과 흉터 등이 있으면 그 운이 극히 박하여 관록은커녕 오직 화禍가 없기를 바라야 할 것이다. 특히 준두에서부터 풍요로운 기운이 콧기둥을 지나 산근에서 적당히 쿠션을 이룬 뒤, 다시 인당을 지나 이마의 왕성한 기운으로 쭉 뻗어 올라가는 연결이 중요하다. 인당·산근·코가 풍만한 이마의 기운을 받쳐주어야 하는 것이다.

관록을 논할 때는 또한 눈을 빼놓을 수가 없는데, 이마나 코만

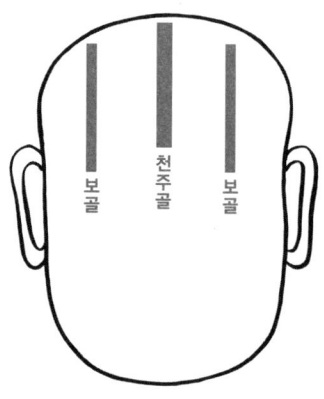

이마는 관록운을 상징한다
이마는 벽이 우뚝 서 있는 것처럼 뒤로 넘어지지 않아야 하며, 간을 엎어놓은 듯 도톰한 모양을 이루어야 한다. 또한 이마의 모양이 천(川)자의 형상을 이루어, 중앙의 천주골(天柱骨)을 중심으로 양쪽 보골(輔骨)이 세 개의 기둥처럼 뻗어 올라가야 한다.

잘생기고 눈이 형편없는 귀인은 있을 수가 없다. 수려한 눈에 수려한 이마는 대귀大貴를 위한 필수조건이라 할 수 있다.

··· 복덕운을 다스리는 천창·지고(복덕궁)

복덕궁福德宮은 천창天倉과 지고地庫를 이르는 것이니, 이를 통해 그 사람의 기본적인 복덕운福德運을 본다. 천창에서 주관을 하지만, 복덕이야말로 얼굴의 전체적인 상과 밀접한 관련을 지닌다.

복덕이 풍만하려면 기본적으로 천지와 오관이 조화를 이루어, 얼굴이 뒤로 젖혀지지 않고 오긋하게 서로 조응해주어야 한다. 특히 이마의 양 가장자리인 천창과 턱의 양 가장자리인 지고가 함께 풍요로워서 하늘과 땅이 서로 응해야 한다. 천창과 지고를 합하여 창고倉庫라 하는데, 하늘의 복록과 땅의 복록이 합해진 창고인 셈이다.

얼굴의 성곽에 해당하는 테두리로서 네 개의 창고라 하여 이를 사고四庫라고도 하는데, 이러한 전체적인 성곽과 그 중심부인 코가 왕성한 기운으로 조화를 이루면 부귀를 겸할 수 있는 복록을 타고나는 셈이다. 만일 사고는 튼튼한데 중부인 코와 광대뼈가 허하다면 제대로 복이 되지 못한다. 이와 더불어 눈썹이 높고 눈꼬리가 올라가면 대귀大貴하나, 눈썹이 너무 내려붙어서 눈을 압박하고 귀가 뒤로 벌렁 젖혀졌다면[耳反] 복덕이 있기를 바라는 것은 무리이다.

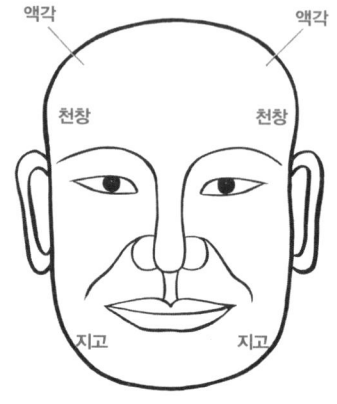

복덕궁의 위치
복덕궁은 천창과 지고를 말하며 얼굴의 성곽에 해당하는 테두리로서, 이들을 합하여 사고(四庫)라고도 한다.

　전체적으로 머리는 적당히 커야 하며, 머리가 너무 작으면 복록을 제대로 받을 수 없다. 이마의 모양이 동그스름하면서도 일월각이 솟고 천주골·보골이 기둥이 서 있듯 힘찬 기운으로 솟아 있으면 더욱 귀하다. 단지 둥그렇기만 한 것은 귀한 기운이 그보다 덜한 것이다. 따라서 '활방평闊方平'이라 하여, 이마는 넓되 방方한 듯 둥글면서 평만平滿해야 한다고 하였다.
　만약 천창·액각(額角, 이마의 모서리에 둥글게 솟은 뼈)이 좁거나 꺼졌으면 늘그막까지 머물 집 한 칸을 걱정해야 할 운이다. 또한 이마와 턱이 삐딱하면 떠돌아다닐 빈한한 팔자이고, 턱은 풍만한데 이마가 좁고 낮으면 초년은 좋지 않으나 말년이 좋고, 반대로 이마는 널찍하고 높으나 턱이 뾰족하면 초년은 걱정 없이 지내게 되나 늘그막이 좋지 않다.

IV 오관의 생김새에 숨은 비밀

수화水火의 원리는 곧 음양陰陽의 이치와 다르지 않다. 물기운에 따라 눈이 검다는 것은 곧 음의 정기(精)를 뜻함이요, 불기운이 집약되어 눈에서 빛이 나는 것은 바로 양의 신기(神)이다. 따라서 인간이 지닌 핵심적인 '정신精神의 기氣'가 눈에 깃들어 있는 것이다. 정精은 물기운으로서 혈액의 집약된 에너지이며, 신神은 불기운으로서 뇌의 집약된 에너지이다.

조상의 기운을 담은 기틀
귀

··· 정면에서 잘 보이지 않아야 진정한 음덕을 갖춘 귀

오관은 귀·눈·입·코·눈썹耳目口鼻眉으로, 귀를 오관 중 맨 먼저 놓는다. 귀는 오관의 근본으로서 생명력의 뿌리를 이루며, 심성과 음덕을 이루는 바탕이 되기 때문이다. 귀는 고막을 진동시켜 뇌의 경맥에 사물의 소리를 전달하는 기관으로, 뇌를 관장하면서 심흉을 통하여 사람의 마음을 다스린다. 따라서 귀를 통해 사람의 품성과 덕망을 살필 수 있다.

또한 귓구멍은 신장의 기운을 나타내기 때문에, 신기腎氣가 왕성하면 귀가 밝고 총명하며 신기가 허하면 귀가 어둡고 머리가 혼탁하다. 귀를 총명학당聰明學堂이라고도 하는 이유가 여기에 있다. 아주 수려한 눈이 아니고서는 눈만 봐서는 지혜로움을 제대로 파악할 수 없는 경우가 많은데, 이때 귀를 함께 봄으로써 현명함을 읽을 수 있

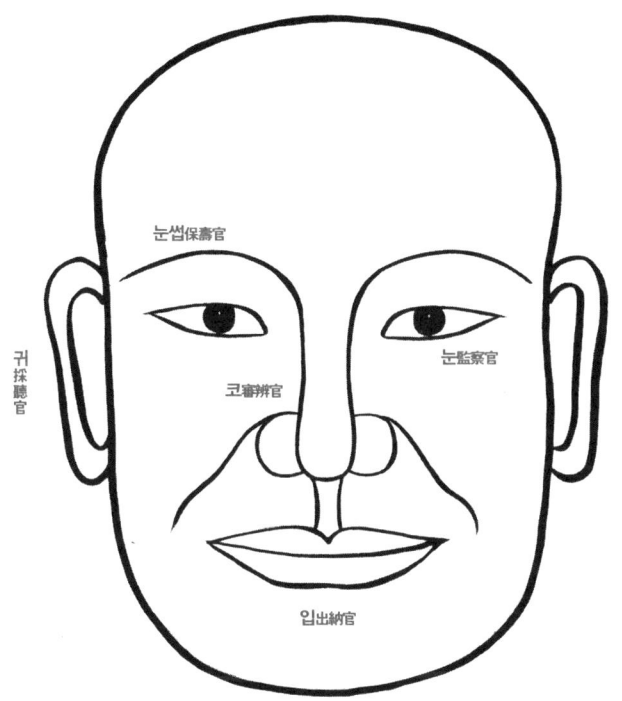

관상에서의 오관五官

관상에서의 오관은 눈·귀·코·혀·피부 등 감각을 일으키는 다섯 기관을 의미하는 것이 아니라, 우리 몸의 가장 높은 곳에 위치하면서 일생 동안 '나'를 지켜줄 임무를 맡은 귀·눈·입·코·눈썹의 다섯 기관을 벼슬아치[官]에 비유한 말이다.

귀는 들리는 대로 받아들이지 않고 가려서 듣는 임무를 맡았다고 하여 채청관(採聽官), 눈썹은 목숨을 보호하므로 보수관(保壽官), 눈은 옳고 그른 일을 바르게 감시하고 살피므로 감찰관(監察官), 코는 분별하여 나의 주장을 펴는 심변관(審辨官), 입은 마음속의 뜻하는 바를 말로써 배출하고 온갖 음식물을 수납하는 곳이므로 출납관(出納官)이라 한다.

는 것이다.

신장의 기운은 모든 에너지의 원천이 되는 것으로, 맑고 귀한 에너지를 타고난 사람은 외부의 유혹이나 침략에 대해 현명하게 대처를 잘한다. 신기가 맑고 단단하여 나의 근본 마음이 수체적으로 확립되어 있기 때문이다. 음성 또한 신기와 직결되어, 귀가 밝고 모양이 수려한 사람은 목소리도 힘이 있으면서 맑고 울림이 많다. 단전丹田에 포진해 있는 신기의 근본이 아름다운 소리로 울려나오는 것이다.

귀는 오관의 근본바탕으로서, 주로 15세 이전의 초년운을 지배하여 부모의 음덕과 조상의 기운을 담은 기틀이 된다. 얼굴의 옆면에 있으면서 자신을 방어해주는 존재로서, 집에다 비유하면 담장과 같고 텔레비전 안테나와도 같으며 나라를 지키는 성곽과도 같은 존재이다. 따라서 귀는 단독게임을 한다. 다른 부위는 정면에 함께 모여 있는데 귀만 옆면에 따로 떨어져 잘 보이지 않으면서, 전체를 모두 관장한다.

정면은 양陽이고 뒷면과 측면은 음陰에 해당하여 귀가 베푸는 덕을 음덕陰德이라 하는데, 마치 뒤에서 묵묵히 자신을 희생하면서 자식을 보살피는 어머니와 같은 구실을 하는 것이다. 따라서 귀는 덕과 자비심을 나타내어, 귀가 후덕하게 잘생긴 사람은 진정한 음덕을 많이 베푼다.

귀는 두상에 착 달라붙어서, 측면에서 보면 풍요롭더라도 정면에서 보았을 때는 잘 보이지 않는 것이 귀격의 면모이다. 이는 마치 덕을 베풀 때 생색을 내지 않는 대인의 풍모와 같다. "누가 어렵다기에 내가 쌀 한 가마니를 보내줬지" 하고 생색을 내는 것은 음덕이 아니라 양덕이다. 물론 양덕도 좋은 일이지만, 100퍼센트 참된 자비는 드러내지 않을뿐더러 자신이 선행을 베풀었다는 의식조차 없는 것이다.

앞에서 보아 펄렁하게 귀가 다 보이는 것은 결코 격조 높은 상이라 할 수 없다. 미모로 보더라도 아주 날렵하게 날아갈 듯이 붙어 있어서 얼굴의 갸름한 맛을 돋보이게 해야지, 팔랑개비 날개처럼 옆으로 붙어 있으면 결코 날렵한 맛을 느낄 수 없다.

이처럼 귀는 덕성과 정감을 주관하는 기관이므로 남자보다는 여성에게 필요한 덕목이라 하여 며느릿감을 볼 때 귀를 중시하는 경우가 많다. 그러나 진정한 대장부라면 용맹과 의지만이 아니라 자비

정면에서 보았을 때의 귀
귀는 두상에 착 달라붙어서, 측면에서 보면 풍요롭더라도 정면에서 보았을 때는 잘 보이지 않는 것이 귀격이다.

로운 대인의 풍모가 필수적이므로, 남자 역시 귀가 제대로 수려하게 생겨야 격을 갖춘 상이라 하겠다.

••• 귀가 눈썹 높이에 이르면 높은 학문을 이룬다

귀는 얼굴의 모든 것을 감싸고 도와주는 근본이 되니 준수하고 풍만하게 생겨야 하며 위풍이 있어야 한다. 귀가 두텁고 단단하며 위로는 높이 솟고 아래로는 길면 신기가 왕성하여 장수할 상이다. 귀가 너무 작고 짧고 빈약하게 생기면 일생을 빈한하게 보내게 되며, 장수 또한 기대하기 어렵다. 귀가 길고 높이 솟은 자는 관록이 높고, 두텁고 둥근 자는 의식이 풍족하여 부를 누린다고 하였다.

 귀는 그 높이가 눈을 지나 눈썹에 이를 정도로 높으면 좋은데, 귀의 상부만이 토끼귀처럼 솟으라는 것이 아니라 하부의 귓불인 수주垂珠도 힘 있게 늘어져 입꼬리를 향하고 있으면 전체적으로 귀격을 갖춘 형상이 된다. 또한 그 위치가 너무 앞으로나 뒤로 붙으면 좋지 않으며, 턱뼈가 끝나는 부분에서 자연스럽게 이어져야 한다.

 귀는 상부·중부·하부로 나누어서 보며, 각각 하늘과 나 자신과 땅의 원리를 담고 있다.

 상부인 하늘은 높고 둥글어 심오한 지혜(智)와 덕을 나타내므로, 높이 솟아 둥글게 풍만해야 한다. 나 자신은 중심이 반듯하게 서

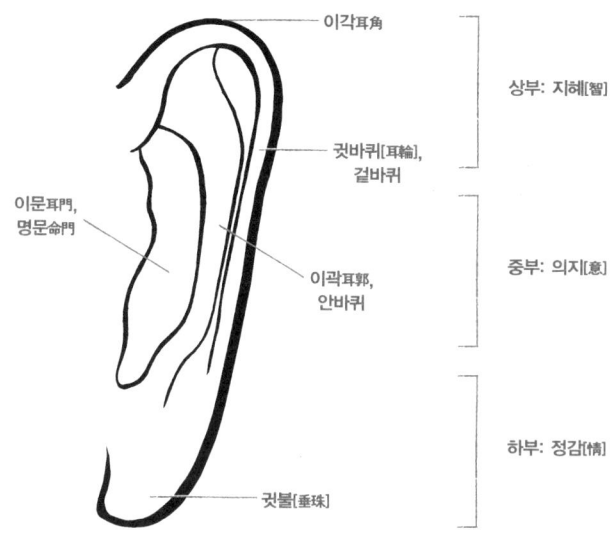

귀의 부분 명칭과 소관사항
귀는 상부·중부·하부로 나누어서 보며, 각각이 하늘(지혜)과 나 자신(의지)과 땅(정)의 원리를 담고 있다.

있어야 하므로 이에 해당하는 중부는 의지[意]를 상징하여 단단해야 한다. 하부인 땅은 대지의 자애로움을 본받아 정情을 의미하므로, 살 비듬이 많고 홍조를 띠어야 좋은 상이다. 인간의 지정의智情意가 귀에 다 담겨 있는 것이다.

따라서 상부가 사람의 머리처럼 둥글게 솟아서 눈을 높이 지나면 높은 학문을 이룬다. 눈썹은 창고에 높이 떠서 눈을 보호하는 존재이므로 높을수록 좋다고 하였는데, 귀 역시 안면의 다른 부위들을 음덕으로 돕는 어머니와 같은 존재이므로 가능하면 높이 솟은 것이 좋다. 귀가 전체적으로 길더라도 아래로 내려붙은 형국이라면 소용이 없다. 최소한 눈보다는 높아서 자식들을 지키고 모성의 기운을 제대로 보낼 수 있어야한다.

그러나 만약 귀가 지나치게 크고 길어 다른 부위와 조화를 이루지 못한다면 오히려 가장 가까운 이를 극하는 상이니, 독불장군은 곧 고독을 의미하기 때문이다. 남과 조화롭게 오순도순 어울리지 못하고 홀로 군림하는 격이라, 부모든 배우자든 자식이든 더불어 살기가 힘든 것이다. 또한 귀가 단단하면 건강하고 의지가 강하여 능히 뜻한 바를 성취할 수 있으며, 정감을 상징하는 귓불이 풍성하고 윤택하면 인정이 많고 정열적이다.

··· 위가 뾰족하면 잔인하고, 아래가 뾰족하면 이성파

귀는 단단하면서도 살집이 풍요로워야 한다. 복이 많은 사람은 마음이 후덕하고 살이 부족하지 않은 법, 복중심령福重心靈이라고 하여 복을 타고난다는 것은 바로 그 마음에 있다고 하였다. 괜스레 복을 받고 덕이 따르는 것이 아니라, 마음을 후덕하게 타고났는가 각박하게

타고났는가에 달려 있다는 것이다. 따라서 심성을 덕스럽게 타고났 는가를 살피기 위해서는 귀를 보라고 하였다.

눈이 귀보다 중요하여 '귀가 천한 귀인은 있어도 눈이 천한 귀인은 없다'는 말이 있지만, 진정한 귀인은 눈뿐만 아니라 귀도 귀하게 생겼다. 귀貴에도 상격·중격·하격 등 여러 급이 있듯이, 귀는 격이 떨어지는데 눈만 귀한 사람은 지혜롭고 총명한 심성은 있지만, 덕은 다소 부족하다고 보아야 한다. 참된 상격上格의 귀인은 지혜와 덕성을 함께 타고나야 하는 것이다.

이처럼 귀는 마음의 복이 담긴 그릇〔心福之器〕으로서, 적당한 살집은 그 복을 나타내는 것이다. 뼈만 앙상하고 바짝 마른 귀는 복을 받을 만한 마음 자체를 타고나지 못하여, 각박하고 가난하게 살아가게 된다.

사람의 성품을 깊이 파악하는 데는 무엇보다도 귀가 으뜸이다. '부처님 귀'라는 말이 있듯이, 자비롭고 덕성스러운 성품의 사람은 절대로 귀가 뾰족하지 않으며 둥글둥글하게 생겼다. 귀의 꼭대기인 이각耳角이 뾰족하면 마치 이리 등 동물의 귀와 같아, 날카로울수록 잔인한 성질이 있다.

귀의 위쪽은 지혜를 주로 관장하지만 하늘의 거대한 자비심 또한 담겨 있어, 둥글고 풍만하면 자비롭지만 뾰족하면 살기殺氣를 띠는 것이다. 땅이 하늘보다 자애롭고, 모정이 아버지의 정보다 깊을 것 같지만 반드시 그렇지는 않다. 땅처럼 따뜻하게 감싸면서 흙 속의 양분과 거름을 제공하는 자상함은 없지만, 하늘은 태양의 빛을 통해 만물을 생존하게 하는 넓은 자비심을 지니고 있는 것이다.

　반대로 아래쪽인 귓불이 좁고 뾰족한 칼귀는 감정파가 아니며 정이 부족하다. 따라서 10년을 사귄 연인이라도 헤어지자고 하면 "그래? 원한다면 그러지" 하고 미련 없이 깨끗하게 끝을 내는 타입이다. 감정에 치우치지 않고 냉철하지만, 살기는 띠지 않아 선악과는 관련이 없다.

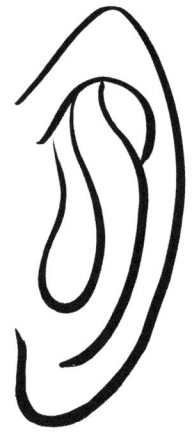 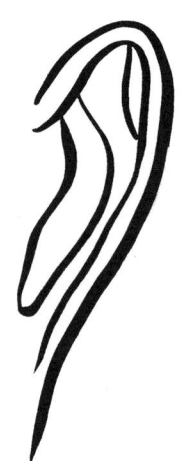

이각이 뾰족한 귀[狼耳]와 귓불이 뾰족한 귀[尖刀耳]
이각이 뾰족하면 이리 등 동물의 귀와 같아, 날카로울수록 성질이 잔인한 면이 있고(왼쪽), 귓불이 뾰족하면 사고가 냉철하여 감정이나 정에 치우치지 않는 이성파이다(오른쪽).

귓불이 좋으면 감정이 풍부하여 정에 약하고 애착과 미련이 많지만, 의욕과 욕망이 강하여 인생을 화려하고 다양하게 살아간다. 위든 아래든 귀가 뾰족한 것은 박복한 형상이므로 좋지 않지만, 귓불보다는 이각이 날카로운 것이 더 흉상임을 알 수 있다.

감성적인 면뿐만 아니라 귀가 복스럽고 풍만해야 부와 수를 누릴 수 있는데, 윗부분은 물론 귓불 역시 두툼해야 한다. 오죽하면 그 이름을 '귓밥'이라고 불렀겠는가. 밥과 쌀은 먹을 것이자 곧 재물이요, 재물은 풍요할수록 좋은 것이다.

또한 귓불은 신장의 정기를 지니고 있어 풍요롭게 늘어져 있으면 신장의 호르몬 기운이 좋아 장수할 수 있다. 늘어지더라도 똑바로 내려온 것보다 입꼬리를 향해 있어 귀의 기운을 입으로 보내주어야 더욱 좋다.

이각과 귓불이 좋은 귀
귓불이 입꼬리를 향해 살짝 들리어 있으면 귀의 기운을 입으로 보내줄 수 있으며, 입 역시 귀를 향해 살짝 올라가 있으면 이구(耳口) 조응하여 부귀영달을 누린다. 입은 수(水)이고 귀는 금(金)이므로 금생수(金生水)의 원리를 따르는 것이다.

입은 수水이고 귀는 금金이므로 금생수金生水의 원리를 따르며, 입 역시 귀를 향해 살짝 올라가 있으면 이구耳口 조응하여 부귀영달을 누린다.

••• 안바퀴가 튀어나와 겉바퀴가 뒤집어지면 박복한 상耳反

귀가 크든 적든 간에 이문耳門은 널찍해야 한다. 이문을 명문命門이라고도 하는데, 이문이 널찍하면 지혜롭고 이상과 포부가 원대하다. 명예를 추구한다면 '나는 장래 장관을 하겠다'는 포부 정도는 가진 자이고, 부를 꿈꾼다면 그냥 장사꾼으로 돈이나 많이 벌겠다는 정도가 아니라 '반드시 재벌이 되겠다'는 식으로, 포부가 크고 그에 해당하는 노력을 한다.

귀 역시 물이 흐르는 강으로서, 이문이 클 뿐만 아니라 두터우면 건강하고 명이 길다. 귀는 크면 더욱 좋지만 다소 작더라도 모양만 좋으면 된다. 만약 뒤집히거나 기울거나 좁아터지거나 힘없이 드러눕거나 종이짝처럼 얇거나 양쪽이 다른 짝귀 등은 모두 점수를 줄 수 없는 귀로서, 재산과 재물을 손상하고 학식이 없다. 쫑긋하게 선 토끼귀도 좋지 않으며, 전체적으로 조그마하면서 위만 뾰족한 쥐의 귀(鼠耳)는 가장 빈천한 삶을 살아가게 된다.

특히 귀 안바퀴의 윤곽은 깊고 뚜렷해야 하며, 활짝 피지 않은

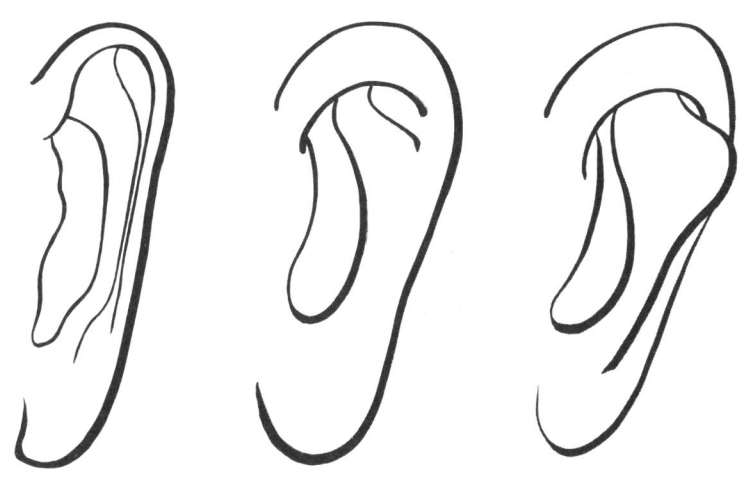

귓바퀴가 잘 짜인 귀
귀 안바퀴의 윤곽은 깊고 뚜렷해야 하며, 윤곽이 벌어지지 않고 활짝 피지 않은 꽃봉오리처럼 거듭거듭 신축성 있게 잘 짜여야 참으로 귀한 상이다(왼쪽).

윤곽이 밋밋한 귀
윤곽이 희미해 다리미로 다려놓은 듯 밋밋하면 박복하여 인생행로에 여러 고난을 당한다. 이러한 귀는 겉바퀴와 이문만이 있는 격으로, 마치 눈 위에 눈썹이 없고 코 아래 인중이 없는 것처럼 뚜렷한 부족지상(不足之相)이다(가운데).

안바퀴가 뒤집어진 화개이花開耳
안바퀴가 만개한 꽃송이처럼 벌어지고 뒤집어지면 운세가 약하다. 귀는 자연의 꽃과 같아서, 봉오리일 때는 필 날이 많이 남았으나 활짝 피어버린 꽃은 비바람에 낙화가 될 날이 오래지 않을 터이니 운세가 강하기 힘들다(오른쪽).

꽃봉오리처럼 신축성 있게 중첩되어야 한다. 만약 윤곽이 희미하여 다리미로 다려놓은 듯이 밋밋하다면 꽃잎이 바람에 날아간 격으로, 참으로 박복하여 인생행로에 여러 고난을 당한다. 이러한 귀는 겉바퀴와 이문만이 있는 격으로, 마치 눈 위에 눈썹이 없고 코 아래 인중이 없는 것처럼 뚜렷한 부족지상不足之相이다.

또한 윤곽이 벌어지거나 퍼지지 않고 거듭거듭 긴하게 잘 짜여야 참으로 귀한 상이다. 안바퀴가 만개한 꽃송이처럼 헤벌어지고 뒤집어진 귀를 화개이花開耳라 하는데, 이러한 귀는 운세가 약하다. 귀는 자연의 꽃과 같아서, 봉오리일 때는 아직 필 날이 많이 남았으나 이미 활짝 피어버린 꽃은 비바람에 낙화가 될 날이 오래지 않을 터이니 운세가 강하기 힘들다. 만약 여자의 귀가 화개이이면 일부종사一夫從事를 하지 못하고 풍파가 심한 인생을 살게 된다.

귀는 모양도 중요하지만 색깔 역시 중요하다. 생김새는 일생을 통해서 보는 것이요, 색은 그 당시의 운을 보는 것으로, 모양이 아무리 좋아도 색이 나쁘면 그 시기에 운이 막혀 곤란을 당하는 것이다.

따라서 귀의 색이 밝고 윤택하며 복숭아빛처럼 은은하게 화색이 돌면 복덕이 충만하고, 귀의 색이 얼굴보다 희면 귀격으로서 이름을 드날린다. 귀에 먼지나 때가 낀 것처럼 거무튀튀하고 윤기가 없는 사람은 빈천하며, 붉거나 백지장처럼 혈색이 전혀 없는 사람 등은 우환이 염려된다.

특히 귀 바로 앞부분인 명문命門은 풍만하면서도 깨끗하고 윤택해야 한다. 명문이 어둡고 지저분한 사람은 탁하고 어리석다. 예를 들어 명문에 구레나룻이 시커멓게 나 있는 사람을 남성적이라고 하여 좋아하는데, 남성적일지는 몰라도 귀격과는 거리가 멀다. 귀한 사람은 수염도 청아하고 수려하게 나지, 절대로 구레나룻이 명문을 덮어 얼굴을 탁하게 하는 일은 없는 것이다.

60세가 넘어 귓속에서 긴 털이 나오는 사람들이 간혹 있다. 이는 신수腎水가 좋아 에너지가 풍부하기 때문에 풀이 잘 자라는 격으로, 오랫동안 수를 누리며 장수할 수 있다. 눈썹 중에서 긴 털이 솟아나는 것도 마찬가지이다. 아울러 귀 뒤에 뼈가 솟아 있으면 장수에 지장이 없고, 만약 뼈가 함몰되어 있다면 단명하기 쉽다.

내 얼굴의 빛나는 별
눈썹

··· 생명력의 싹이요, 아름다움의 마침표를 찍는 존재

눈썹은 참으로 우리의 얼굴을 아름답고 화사하게 꾸며주는 존재이다. 귀·눈·코·입은 각기 듣고 보고 호흡하고 먹는 뚜렷한 기능을 지니고 있지만, 눈썹은 직접적으로 하는 일이 없어 마치 여분의 부위처럼 생각하는 경향이 있다. 따라서 한때는 눈썹을 밀어버리고 연필로 그려 넣는 화장술이 유행된 적도 있었다. 눈썹이 새롭게 계속 돋아나기에 망정이지, 그렇지 않다면 스스로의 운명을 망쳐버리는, 참으로 어리석고 대책 없는 행동이라 하겠다.

그것보다는 오히려 실제적인 뚜렷한 기능 없이 얼굴에 자리 잡고 있는 의미를 잘 생각해보아야 할 것이다. 조물주가 아무 의미도 없이, 할 일 없는 털을 일신의 가장 중요한 얼굴의 맨 윗부분에 자리 잡게 해놓았을까?

눈썹은 그 의미로나 외관상으로나, 우리 일신의 상징이 되는 존재이다. 내 몸에 있는 모든 털을 대표하는 존재로서 생명과 운명의 싹이요, 눈을 보호하는 보호자요, 눈과 얼굴의 아름다움과 추함의 마침표를 찍는 존재이다. 눈썹 없는 미녀를 상상할 수 있는가. 그것은 마치 만백성이 우러러보는 왕좌에 앉아서 명예와 권위를 드러내야 할 왕이 왕관을 쓰지 않은 격이요, 한낮에 귀부인이 양산 없이 외출한 격이 아닐 수 없다. 눈이 아무리 잘생겼다 하더라도 눈썹이 존재하지 않으면 스스로가 지닌 생명력의 빛을 발할 수 없다.

귀·눈썹·눈·코·입의 오관 가운데 눈이 으뜸이라고 하지만, 눈썹은 눈과 한 짝을 이루는 존재로서 눈 못지않게 중요하다. 오관의 하나인 눈썹이 맡은 임무는 보수관保壽官으로, 우리의 정신력과 생명력을 상징하는 눈을 보호하고 수명을 보존하는 존재이다.

따라서 눈썹이 수려·왕성하며 윤택한 사람은 신장의 기운이 좋아서 정기가 충만하고 장수를 누릴 수 있다. 오래 사는 노인들의 눈썹이 특이한 것은 이 때문으로, 특히 60세 이후의 나이에 눈썹에서 긴 털이 나오면 참으로 신기腎氣가 왕성함이니 백수를 기약할 수 있다.

좋은 눈썹을 타고나면 부모·형제궁은 물론, 배우자와 자식복까지 좋다. 하늘에 해당하는 얼굴의 윗부분에 자리 잡고 있기 때문에 어떤 부모 밑에서 태어났는지, 형제관계는 어떠한지 등과 같은 혈육관계를 읽을 수 있다. 눈썹으로 배우자를 보는 이유는 눈이 바로 내

눈썹은 아름다움과 추함의 마침표를 찍는 존재

눈썹 없는 미녀를 상상할 수 있는가. 그것은 마치 만백성이 우러러보는 왕좌에 앉아서 명예와 권위를 드러내야 할 왕이 왕관을 쓰지 않은 격이요, 한낮에 귀부인이 양산 없이 외출한 격이 아닐 수 없다. 눈이 아무리 잘생겼다 하더라도 눈썹이 존재하지 않으면 스스로가 지닌 생명력의 빛을 발할 수 없다.

영혼이기 때문이다. 성인이 된 이후에 가장 가까운 곳에서 내 영혼을 보호하고 지켜주는 이는 바로 나의 남편이요 아내가 아닌가. 좋은 배우자를 만나기 위해서는 자신의 기운이 수려해야 하며, 배우자를 잘 만나야 좋은 자식을 둘 수 있는 것은 당연한 이치이다.

또한 주위 사람들에게 인기가 있는 상은 눈썹과 광대뼈, 법령이 주로 좌우한다. 눈썹이 수려하고 눈꼬리가 살짝 올라가거나 활처럼 휘어지면 남들에게 호감을 사고 인기가 좋다. 이것은 곧 인복을 의미하는 것으로, 특별히 해준 것도 없는데 사람들이 자신을 따르며 호의를 베풀어주는 경우이다. 높이 솟은 눈썹이 길고 수려하게 생기면 재물과 관운 역시 좋아, 인간관계, 수명과 건강, 재물과 명예 등 인생의 모든 부문을 눈썹으로 우선 평가할 수 있음을 알 수 있다.

··· 높고 긴 눈썹은 해와 달을 온전히 보호하는 별

눈썹은 창공에 높이 떠서 해와 달에 해당하는 눈을 보호하는 은하수와 같은 존재이다. 해님과 달님은 태양계에서 우리 눈에 뚜렷이 보이지만, 별님은 반짝반짝 빛나는 별빛만을 볼 수 있을 뿐 그 형태는 볼 수가 없을 정도로 너무나 높이 떠 있다. 해와 달보다 월등히 멀다는 의미이다.

이처럼 하늘에서 빛나는 별에 해당하는 눈썹은, 별처럼 빛나고 높아야 출세를 한다. 눈썹의 별칭으로, 이름을 떨치는 별이라는 의미의 '공명성功名星'이라고 부르는 이유도 이 때문이다. 고관대작이나 크게 부귀공명을 누리는 사람치고 눈썹이 낮은 사람은 보기 드물다. 그래서 옛사람들은 '면상최요미수고面相最要眉秀高'라 하여, 얼굴에서 가장 긴요한 것은 수려하게 높은 눈썹이라 하였다.

관상에서 '과한 것은 부족함만 못하다'는 말이 있어 지나친 것은 무엇이든 해롭다고 보지만, 두 가지만은 예외이다. 즉 한없이 길수록 좋은 눈(눈썹), 한없이 높을수록 좋은 눈썹이 그것이다. 눈썹이 높을수록 좋다는 말은 눈과 멀리 떨어질수록 좋다는 의미이다.

얼핏 생각하면 눈썹이 너무 높으면 이마가 낮아진다고 생각할 수 있으나, 그렇지 않다. 이마가 낮은 것은 머리카락이 시작되는 부분이 너무 내려왔기 때문에 낮은 것이지 눈썹이 위에 붙어 있기 때문이 아니다.

왼쪽 눈썹을 나후성羅候星, 오른쪽 눈썹을 계도성計都星이라 하는데, 둘을 합하여 보통 눈썹을 일컬을 때 나계성羅計星이라 한다. 나계성은 천문학에서 흉성凶星으로 보는데, 이러한 흉성을 눈썹의 이름으로 삼은 까닭은, 그만큼 눈과 가까이하면 좋지 않음을 나타내기 위함이다. 하늘에 높이 떠서 내 일신의 생명이자 영혼인 해님과 달님을 보호해야 할 존재가, 자신의 본분을 망각하고 이를 눌러버리는 형국이라면 어떻게 되겠는가. 나에게 도움이 되고 나를 보호해야 할 존재들이 모두 나를 침범하고 억누르니, 운세가 좋을 리 없고 부부 금슬이 화목하기 어렵다.

눈썹은 또한 그 길이가 길수록 좋으며, 다소 짧더라도 최소한 눈보다는 길어야 한다. 하늘에 진을 치고 있는 은하수요 싱싱하게 뻗어나는 초목과 같은 눈썹일진대, 짤막한 은하수와 뭉텅한 나무로는 그 운세를 제대로 펼치기 힘들다.

길게 뻗은 눈썹은 이마 가장자리에 있는 천창의 복록을 다 받아먹을 수 있어 총명·준수하고 관운과 재복이 있으며, 화목한 가정을 이룰 수 있다. 멋진 정기를 머금은 눈에 수려한 눈썹을 지녔다면 배우자의 사랑을 듬뿍 받는 복 많은 사람이다.

눈썹이 아주 짤막하여 눈을 제대로 덮지 못하면 재복이 좋지 못할뿐더러, 배우자운이 나쁘거나 혼자 사는 수가 많다. 희미하여 있는 둥 마는 둥 한 눈썹 역시 마찬가지이다. 혼자 있는 것을 좋아하거나 다른 사람과 함께 있으면 잠을 이루기 힘든 이들은 모두 심성이

눈썹은 별처럼 빛나고 높아야 한다

눈썹은 창공에 높이 떠서 해와 달에 해당하는 눈을 보호하는 은하수와 같은 존재로서 높이 솟을수록 좋다(왼쪽).

반면에, 자신의 본분을 망각하고 일월을 억누르는 형국이면 운세가 나쁘고 부부간이 화목하기 어렵다(오른쪽).

눈썹은 눈보다 길어야 한다

길게 뻗은 눈썹은 이마 가장자리에 있는 천창의 복록을 다 받아먹을 수 있어 총명·준수하고 운과 재복이 있으며, 화목한 가정을 이룰 수 있다(왼쪽).

눈썹이 아주 짤막하여 눈을 제대로 덮지 못하면 재복이 좋지 못할뿐더러, 심성이 고독하여 배우자운이 나쁘다(오른쪽).

고독한 사람으로, 눈썹이 없거나 지나치게 짧은 경우가 많다. 나의 정신과 영혼이 깃들어 있는 눈의 보호신이 없으니 어찌 고독하지 않겠는가.

… 올라간 눈썹은 무인, 내려온 눈썹은 문인

그 사람의 기질을 가장 잘 읽을 수 있는 부위가 또한 눈썹이다. 사람은 원래 초목의 형상을 그대로 타고난 목질인생木質人生으로서, 바로 그 목기木氣의 싹이 눈썹으로 나타나기 때문이다. 머리카락이나 수염 등 우리 몸의 털도 같은 원리로 볼 수 있다. 털이란 그 사람의 기질을 살필 수 있는 가장 섬세한 부위로서, 슬기로움과 어리석음을 판별할 수 있는 잣대가 된다.

수려하고 아름답게 뻗어나가는 생명력을 지닌 초목과, 둔탁하고 거세며 산란한 성장습관을 지닌 초목은 각각 지혜와 어리석음을 상징한다. 따라서 눈썹이 고우면 마음도 곱고 눈썹이 거칠면 마음도 거칠다. 눈썹이 힘차 보이면 성품이 강하고, 눈썹이 약해 보이면 성품 또한 나약하다.

눈과 마찬가지로 눈썹의 끝이 위로 올라간 사람과 아래로 내려온 사람이 있다. 눈썹꼬리는 평평하거나 살짝 위로 들린 듯한 기운을 지닌 것이 가장 좋다. 눈썹꼬리를 통해 음양문무陰陽文武의 기질을 구분할 수 있다. 솟은 것은 양이요 무武에 속하며, 숙인 것은 음이요 문文에 속한다.

따라서 눈썹꼬리가 높이 솟은 사람은 대개 양성으로서 무인의 기상을 타고났기 때문에 직선적이고 강한 성품을 지닌다. 군인, 경찰, 판검사, 정치인, 체육인 중에 이런 눈썹이 많다.

만약 눈썹 끝이 지나치게 올라가서 마치 '여덟 팔八'자를 거꾸로 세워놓은 듯하면, 을지문덕 장군이나 강감찬 장군처럼 호방하고 기세가 당당한 면은 있으나 역경을 헤치며 살아가게 된다. 특히 여자로서 이러한 눈썹을 타고나면 전쟁터에 나가 여전사가 될 정도의 남성적인 팔자를 지녀, 조신한 가정주부가 되기보다는 고생을 거듭하더라도 자신의 뜻을 펼쳐나가는 편이 적합하다.

반대로 눈썹꼬리가 아래로 내려간 사람은 대개 음성으로서 문인의 기질이 있어, 부드럽고 사색적이며 나약한 면이 있다. 부드러운 선비의 기상을 타고나, 학자·문인·연구원·교사들 중에 이런 눈썹이 많다.

그러나 자연스럽게 처진 눈썹이 아니라, 지나치게 축 처져서 마치 우는 것처럼 보이거나 찡그린 인상이 되면 곤란하다. 생명력이 한풀 꺾인 격이니 어떻게 밝은 앞날을 기약할 수 있겠는가. 가난을 타고난 상이다.

한편, 눈썹은 눈을 보호하는 존재이므로 눈과 함께 조응해야 한다. 만약 눈꼬리가 살짝 위로 올라가 있다면 눈썹 역시 이에 응하여

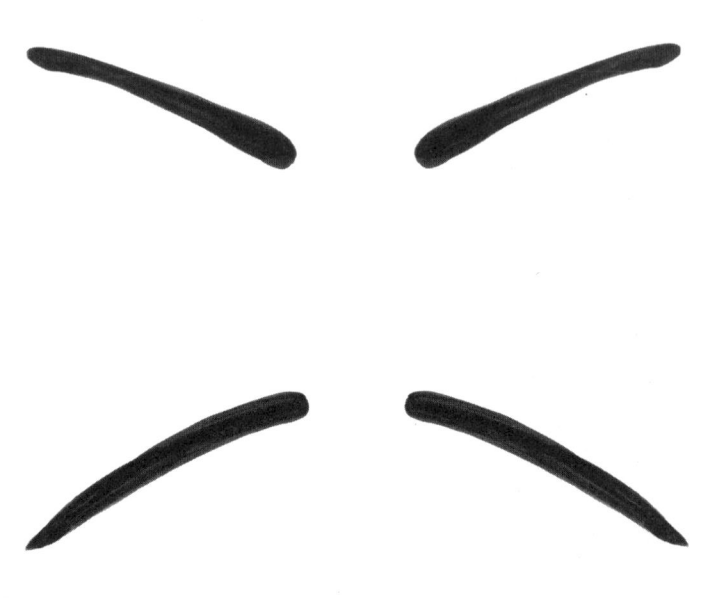

꼬리가 지나치게 솟은 눈썹과 지나치게 처진 눈썹

'여덟 팔(八)'자를 거꾸로 세워놓은 듯하면 기세가 당당한 면은 있으나 사나운 성품으로 역경을 헤치며 살아가게 된다. 특히 여자로서 이러한 눈썹을 타고나면 남성적인 팔자를 지녀, 결혼운이 좋지 않다(위).

지나치게 축 처져서 '여덟 팔(八)'자형을 이루면 마치 우는 것처럼 보이거나 찡그린 인상이 되어 생명력이 한풀 꺾인 격으로, 가난을 타고난 상이다(아래).

살짝 올라가는 것이 좋으며, 눈꼬리가 약간 처져 있다면 눈썹꼬리 역시 약간 내려오는 것이 이치에 맞다.

만약 눈은 올라갔는데 눈썹이 내려왔다면 뻗어나가는 생명력을 눌러버리는 격이요, 눈은 내려왔는데 눈썹이 올라갔다면 서로 등을 돌린 격이다. 눈썹은 그 자체로 수려하면서도 항상 눈을 잘 감싸서 보호하는 것이 본분임을 잊어서는 안 된다.

··· 살이 보이지 않는 농탁한 눈썹은 어리석고 강하다

눈썹이란 초목과 같은 존재로서 수려한 맛을 최고로 친다. 난초잎처럼 가늘고 길며 부드럽고 윤택하다면 더 이상 바랄 것이 없다. 다소 짧다 하더라도, 혹은 다소 굵거나 가늘다 하더라도, 나름대로 수려한 기운이 있으면 어느 정도 격에 드는 눈썹이다.

수려한 눈썹은 털이 가는 듯하면서도 힘이 있고 윤택해야 한다. 또한 마치 기러기가 날아가듯 산란하지 않게 한 방향으로 가지런하며, 짙더라도 속살이 은은하게 보임으로써 맑고 청정한 기운을 느낄 수 있어야 한다.

이처럼 수려함을 제일로 치기 때문에 대나무순처럼 가지런하고 빼어나야 한다고 보아, 눈썹을 일명 반순학당斑筍學堂이라고도 한다. 또한 눈썹이 윤택하면 초목이 싱싱하게 물이 오른 형국이라 마침내 열매를 풍요롭게 맺을 것이니, 어찌 부를 이루지 않을 수 있겠는가.

그런데 만일 윤기도 없는 뻣뻣한 거친 털이 마치 숯검댕을 붙여놓은 듯 농탁한 눈썹이라면 참으로 어리석기 짝이 없다. 아주 희귀한 경우로 농밀한 가운데 맑은 기운을 띠는 눈썹도 있기는 하지만, 출중한 기상을 타고나지 않은 보통 사람이라면 대개 이러한 눈썹은 탁하고 천하다고 본다. 눈썹 숱이 너무나 많은 것은 마치 빽빽하게 심어놓은 고추밭과 같아, 열매를 맺을 수 없는 형국이다.

인체에 나 있는 모든 털은 대지의 초목에 해당하니, 초목은 너무 조밀하게 빽빽하지도 않고 너무 엉성하게 드문드문하지도 않으면서 청수하게 빼어나고 윤택해야 한다. '지혜는 생어피모生於皮毛'라 하여 총명하고 맑은 지혜는 맑은 피부와 수려한 모발에서 나오는 것이다.

따라서 머리카락이나 수염·눈썹이 너무 촘촘하고 빽빽한 것은 탁한 털이며, 이것은 곧 둔한 성정을 타고났다고 본다. 지혜롭지 못하여 모든 일이 뜻하는 대로 되기 힘들며, 우직하고 강한 성품으로 밀고나가다가 부러지기도 하고 어쩌다 성공하기도 하는 형이다.

특히 짤막하면서 찌그러지고 산란한 눈썹은 성정이 흉포하고 완강하다. 이때의 완강함이란 지혜나 자비가 결여되어 앞뒤가 꽉 막힌 '단순강'이다. 예를 들어 아내가 불가피하게 강간을 당했다고 할 때, 아무리 주위에서 불가항력적인 상황을 알아듣게 설명하고 설득해도 절대로 용서할 수 없는 그런 종류의 사람을 말한다.

또한 한 방향으로 일정하게 나란하면서도 단정하게 나아가지 못하고 얼기설기하게 흩어지거나 드문드문 엉성하거나 거슬러 나기도 하면, 정신도 운명도 산만한 사람이다. 기러기가 날아가는 모습이 질서정연하고 서열이 있어 이를 '안행雁行'이라 하는데, 눈썹이 이처럼 질서정연한 안행을 이루면 특히 형제간의 우애가 화목하여 집안에 부드러운 꽃바람이 분다. 눈썹이 거칠고 짧으면서 산란하거나 끊어지면 다른 운은 물론 동기간이 외로워서 형제가 없거나, 설사 형제가 있다 하더라도 화목한 우애를 나누기가 어렵다.

또한 중간에 털이 끊어지는 경우는 형제 중에서 일찍 죽는 사람이 나올 수 있다. 동기간이란 하나의 나뭇가지에서 나온 여러 곁가지에 비유할 수 있는데, 한 가닥에서 나온 형제지간이 제각각이고 끊어지고 서로 다른 곳을 보고 있으니 작별을 고할 수밖에 없다. 또한 눈썹이 거슬러서 반대로 나는 사람은 지극히 사납고 불량하여 처자식에게 손찌검을 하고 횡포를 부리는 난폭한 성질이 있다.

••• 너무 섬세하면 탐음하고, 너무 무성하면 독재적

눈썹은 수려한 기운만 있다면 난초잎이나 대나무순처럼 가냘프고 가벼운 것도 좋지만, 널찍하고 무성한 것 역시 좋다.

마치 초승달이 뜬 듯 휘영청 반달 모양을 이룬 신월미新月眉, 버

신월미新月眉와 유엽미柳葉眉
초승달이 뜬 듯 휘영청 반달 모양을 이룬 신월미(왼쪽)와 버들잎처럼 맑고 경쾌한 유엽미(오른쪽)는 모두 선하고 인자한 심성과 총명하고 지혜로움을 타고난 좋은 눈썹으로 소년기에 크게 두각을 나타낸다. 다정다감하고 섬세하여 학자나 예술가형이며, 자칫하면 탐음(貪淫)하기 쉬운 단점이 있다.

들잎처럼 맑고 경쾌한 유엽미柳葉眉 등은 모두 좋은 눈썹으로 인자하고 총명·준수하며, 소년기에 크게 두각을 나타낸다. 초목의 맑고 영롱한 싹이 빼어나게 돋아난 기상이니 어찌 총명하지 않겠는가. 성정은 다정하고 감정이 섬세·풍부하여 정치나 무관직은 어울리지 않는 학자나 예술가형이다.

　　이러한 눈썹은 모두 가볍고 맑은 기운이 있어 경청미輕淸眉 또는 청수미淸秀眉라 하며, 대체로 피부 역시 흰 경우가 많다. 그러나 섬세한 피부에 섬세한 눈썹을 타고나 그 심성 역시 극히 섬세한 사람은, 특히 남성의 경우 여자를 좋아하여 자칫하면 탐음貪淫하기 쉬운 단점이 있다.

반대로 빼어나게 길면서 아주 널찍하게 짙은 눈썹이 있다. 대표적인 예로는 일본의 전 수상 나카소네를 들 수 있는데, 짙은 눈썹이 상대방을 위압하듯 획을 긋고 있다. 모양이 빼어나게 수려하여 참으로 기세당당한 멋진 눈썹으로 본다. 그 자체가 바로 정신력을 의미하므로, 이런 눈썹을 지니면 선이 굵고 호방하며 강한 파워를 지니지만, 섬세성은 결여되고 피부도 희지 않다.

눈썹 중에서는 궁미弓眉를 으뜸으로 친다. 활처럼 생긴 눈썹이 눈을 감싸듯이 둥글고 부드러우며 수려하다. 이런 눈썹을 가진 사람은 총명하고 섬세하며 정열적이어서, 테너 가수 플라시도 도밍고처럼 예술가 중에서 흔히 볼 수 있다. 눈과 눈썹은 서로 부부와 같은

궁미 弓眉
활처럼 생긴 눈썹이 눈을 감싸듯이 둥글고 부드러우며 수려하다. 이런 눈썹을 가진 사람은 총명하고 섬세하며 정열적이어서, 예술가 중에서 흔히 볼 수 있다. 이런 사람은 부부간에도 서로 내 몸처럼 감싸주면서 일생을 마치 연애시절처럼 정열적으로 살아간다. 테너 가수 플라시도 도밍고는 대표적인 궁미의 소유자이다.

이치를 지녀, 이런 눈썹을 지닌 사람은 부부간에도 서로 내 몸처럼 감싸주면서 일생을 마치 연애시절처럼 살아간다. 특히 도밍고의 경우는 입의 양끝이 위로 올라간 앙월구로, 더욱 돋보이게 궁미와 잘 어울리는 상이라 할 수 있다.

눈썹은 털이 너무 굵어도 안 되지만, 하나하나가 어느 정도 힘이 있어서 축 늘어지지 않아야 한다. 털이 너무 가는 것 역시 지극히 섬세한 성정을 타고난 것으로, 그 섬세함 때문에 세상을 살아가는데 많은 상처를 받게 된다. 모든 감정의 바로미터를 나타내는 것이 눈썹이기 때문이다.

주위에서 흔히 볼 수 있는 예로, 다음과 같은 경우를 볼 수 있다. 눈썹이 시커멓고 털이 무성한 남자와 데이트를 하던 여성이, 너무나 자상하게 배려해주는 남자의 마음에 반해서 결혼을 했다. 그런데 결혼하고 나서 얼마 지나지 않아 곧 남편의 근본 성격이 섬세함이나 자상함과는 정반대인 독재적·권위적임을 알고 한탄하는 경우가 많다. 그러한 눈썹에서는 섬세함과 자상함이 나오기가 힘든 법이다.

두 눈썹의 머리〔眉頭〕가 서로 너무 가까우면 소견이 막힌 어리석은 사람이며, 운이 지극히 박하고 형제간에도 매우 해롭다. 두 눈썹 사이는 인생행로의 등대와도 같은 구실을 하는 인당이 자리 잡고 있어, 이곳에 흠이나 흉터, 주름살 등이 침범하는 것을 참으로 두렵게 여긴다. 그런데 눈썹머리가 인당을 침범하여 서로 붙을 지경에 이르

미련도 眉連圖

두 눈썹의 머리가 서로 너무 가까우면 소견이 막힌 어리석은 사람이다. 오죽하면 '눈썹 미(眉)'자에 '이어질 연(連)'자를 써서, 눈썹이 서로 붙었다는 의미로 '미련(眉連)하다'는 표현을 사용했겠는가.

렸다면 인당이 말살되어 운명과 수명 자체가 엉망임은 물론, 지능과 마음 씀씀이를 가히 짐작할 수 있다. 오죽하면 '눈썹 미眉'자에 '이어질 연連'자를 써서, 눈썹이 서로 붙었다는 의미로 '미련眉連하다'는 표현을 사용했겠는가.

반대로 눈썹이 너무 멀찌감치 떨어져 있어도 역시 미련하고 어리석기는 마찬가지이다. 눈썹이 서로 붙을 지경에다 황적색으로 누리끼리하거나 짤막하면 참으로 궁핍한 인생으로, 가상 가까운 혈친血親과 처지를 극하는 상이다.

눈 주변은 삼양三陽이라 하여, 눈과 눈썹과 위아래 눈꺼풀의 세 부위는 모두 푹 꺼지지 말고 살이 어느 정도 두툼하게 붙어야 한다. 따라서 눈썹이 난 부위도 적당히 왕성하게 뼈가 일어나 있으면 좋은

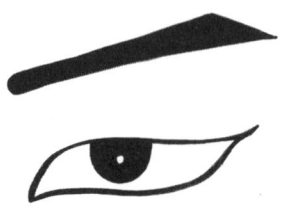

유용미遊龍眉와 복룡안伏龍眼   와잠미臥蠶眉와 유용안遊龍眼

데, 만약 눈썹뼈가 너무 높아서 옆에서 볼 때 절벽의 바위처럼 툭 튀어나와 있다면 성급하고 완강하며 어리석다.

게다가 눈썹뼈는 왕성하게 일어났는데 털이 부족한 눈썹을 타고났다면 나무가 없는 험준한 돌산(石山)의 형상이라, 용맹하지만 난폭하거나 불의를 저지르는 수가 많고 형제를 극한다.

··· 눈썹 속에 있는 점은 총기와 지혜의 상징

눈썹은 눈과 한 쌍을 이루기 때문에, 그 눈썹에 어울리는 눈이 오는 경우가 대부분이다. 다음에서는 전형적인 눈썹과 눈의 짝을 살펴보기로 한다.

용이 노니는 듯한 맑고 수려한 유용미遊龍眉의 눈썹에, 눈동자가 크고 눈빛이 강하여 마치 용이 엎드린 듯한 복룡안伏龍眼의 눈을 갖추면, 총명하고 용감하여 결단력이 있다.

와잠미臥蠶眉는 털이 무성하지 않으나 수려하게 천창을 향하여 뻗어나가는 눈썹으로, 크고 빛이 번쩍이는 눈에 동자가 약간 치켜 올라가고 눈끝이 기세 있게 위로 치켜진 유용안遊龍眼을 함께 지니면 형제가 많으나 독신으로 지내는 경우가 있다. 여자에게는 이러한 눈썹이 불리한데, 비록 위엄이 있어 귀하게는 되지만 너무 강하여 남편을 극하게 되기 때문이다.

사자미獅子眉는 사자가 엎드려 있는 듯한 형상에 털이 거칠고 탁한 느낌이 있으나, 탁한 가운데 또한 맑은 기운이 있다. 눈 역시 위엄이 있으며 눈동자가 약간 치올라간 사자안獅子眼으로, 윗눈꺼풀이 수려하게 여러 겹을 이룬다. 사자미는 보기와는 달리 매우 온화하고 충직하여 문과 무를 겸비한 성품을 지니고 있으나, 골육 간의 형극荊

사자미獅子眉와 사자안獅子眼　　신월미新月眉와 안안雁眼

棘을 겪기 쉬우며 여자에게는 역시 좋지 않다.

초승달 모양의 신월미新月眉에 달을 벗 삼아 노니는 기러기 형상의 안안雁眼은 검은자위가 마치 흑칠처럼 유난히 검은 가운데 미미한 황기黃氣가 감돈다. 이러한 눈썹을 지니면 심성이 선하고 총명하며 소년기에 크게 두각을 나타낸다.

검미劍眉에는 학안鶴眼이 오는 경우가 많은데, 검미는 길고 곧은 검처럼 생긴 눈썹으로 너그럽고 청수한 맛이 있고, 학안은 둥글고 크며 동자가 빛나고 흑백이 분명하면서 윗꺼풀이 여러 겹으로 은은히 싸여 있다. 검미는 장수하며 문무를 겸비한 상이지만, 여자의 경우는 지나치게 강하여 형극荊棘을 불러일으킬 수 있는 상이다.

춘심미春心眉는 도화안桃花眼과 짝이다. 눈썹이 가늘고 둥글게 높이 떠서 조금도 흩어지지 않은 채 길게 눈을 지나고, 눈 역시 활처럼 가늘게 휘어지면서 흰자위에 가는 실핏줄이 있고 눈에 물기가 많다.

검미劍眉와 학안鶴眼　　　춘심미春心眉와 도화안桃花眼

유수미柳垂眉와 취안醉眼

이런 사람은 총명하지만 허위가 많고, 담은 약하나 매우 호색하여 연애사건을 많이 불러일으킨다. 예술방면에 종사하면 좋다.

    수양버들처럼 가늘고 축축 늘어지는 유수미柳垂眉는 글자 그대로 화류계에서 세월을 보내기 십상인 상으로, 눈 역시 몽롱하고 탁한 취안醉眼인 경우가 대부분이다. 이러한 눈썹은 너무나 가늘어서 지조도 줏대도 없이 음란하여, 온전히 정기를 보존하기 힘들기 때문에 자식을 두지 못하는 경우가 많다.

    그러나 70세 이상의 노인으로서 눈썹털이 이처럼 길게 드리워지는 것은 고목나무에서 자꾸만 싹이 나오는 형상이므로, 장수할 상이다. 눈썹에서 흰 털이 나오는 노인은 오랫동안 장수할 수 있으며, 젊은 사람이 만약 이렇게 되면 반대로 단명하고 혈친을 극하게 된다.

    수려한 맛이 없이 마치 교태를 부리듯 오므라져 나방이처럼 동그렇게 생긴 눈썹은 색을 매우 탐하는 상이며, 은하수처럼 휘영청 길고 가는 은하미銀河眉는 부귀에 이르는 눈썹이나 역시 여자를 너무 좋아한다.

문고리처럼 동글동글 꼬인 눈썹은 질서정연한 기러기의 행렬이 엉망진창이 된 격이어서, 형제 중에서 일찍 세상을 떠나는 이가 있거나 혹은 앙숙으로 지내기 쉽다. 두 눈썹의 모양이 확연히 다른 짝눈썹은 이부모異父母를 모시게 되거나 이복형제가 있음을 의미한다.

눈썹 속에 검은 점이 있으면 총기가 있고 현명하다. '얼굴에 있는 점치고 좋은 점 없고, 몸에 있는 점치고 나쁜 점이 없다'고 했듯이, 점은 보이지 않는 곳에 있는 것이 좋다. 눈썹 역시 검은 털 속에 검은 정기로 뭉친 점이 박혀 있는 것이니 귀하게 본다.

눈썹 위를 따라 길게 난 가로주름은 하늘의 별을 위에서 내리누르는 형국이니 참으로 운세가 박하며, 양 눈썹을 끼고 마치 '여덟 팔八'자를 거꾸로 놓은 것처럼 난 주름은 하는 일마다 막힘이 많다. 서로 교류하고 정을 나누어야 할 두 눈썹을 딱 잘라서 막아버리는 형국이니, 집안이 기울면서 형제간은 뿔뿔이 흩어지게 된다.

나를 비추는 얼굴의 해와 달

눈

··· 정신과 에너지가 깃든 운명의 척도

천지가 아무리 크다 하더라도 해와 달日月의 빛을 의지하는 것이라, 일월은 바로 만물의 존재근거가 된다. 사람의 얼굴에 있어 눈이라는 것은 곧 천상의 일월과 같은 존재로, 나의 모든 정신과 마음과 물질의 주인이자 근본을 이룬다. 저 하늘의 태양과 달이 빛을 발하지 않는다면 어찌 삼라만상에 광명이 있을 것이며, 나의 얼굴에 높이 떠서 내 일신을 비추는 눈이 부족하다면 어찌 밝고 복된 미래를 기약할 수 있으리오.

  이처럼 눈은 위대한 존재로, 일월이 삼라만상을 다 비추어 광명을 열어주듯, 부귀복덕과 건강장수의 모든 것에 관여하여 평생의 삶을 좌우한다.

  눈의 검은자위와 눈동자는 해와 달을 상징하는 것이기 때문에 밝고 빛나야 하지만, 눈의 모양은 길게 흐르는 강이기도 하므로 물기운(水氣)이 항상 윤택해야 한다. 마치 동해바다에 태양이 떠오르듯이 물(바다)과 불(태양), 음양이 함께 존재하는 것이 바로 눈이다. 이를 주역에서는 수화상존(水火相存, 또는 水火相濟)이라고 하여, 수와 화가 함께 있으면서 서로의 기운을 보완해준다고 본다.

　수화는 상극이지만, 상극이라 하여 반드시 서로 해를 끼치는 것만은 아니다. 마치 극과 극이 만나 새로운 합이 탄생하듯이(正+反→合), 상극은 경우에 따라 새로운 발전을 가져올 수 있는 관계가 되는 것이다. 따라서 바닷속 심연은 깊을수록 그 색깔이 검게 나타나듯이, 눈이 검을수록 좋은 것은 물기운이 풍부하기 때문이다. 또한 눈이 빛나야 하는 것은 불기운이 타오르는 태양의 광명을 담은 것이니, 눈의 기본조건인 '검고 빛나는' 눈동자에 수화水火의 원리가 함께하는 것이다.

　수화水火의 원리는 곧 음양陰陽이 이치와 다르지 않다. 물기운에 따라 눈이 검다는 것은 곧 음의 정기(精)를 뜻함이요, 불기운이 집약되어 눈에서 빛이 나는 것은 바로 양의 신기(神)이다. 따라서 인간이 지닌 핵심적인 '정신精神의 기氣'가 눈에 깃들어 있는 것이다. 정精은 물기운으로서 혈액의 집약된 에너지이며, 신神은 불기운으로서 뇌의 집약된 에너지이다.

　우리의 정신은 잠잘 때는 심장에 머물고, 깨어 있을 때는 뇌에 머물면서 그 모습이 눈동자에 나타난다고 하였다. 따라서 눈을 통해 그 사람의 가장 핵심된 것을 알 수 있으니, 눈이 검고 맑고 빛나는 사람은 정신력·에너지가 충만하여 자신의 삶을 제대로 이끌어갈 수 있다.

얼굴에서 눈이 50퍼센트를 좌우하므로 다른 부위가 아무리 잘생겨도 눈이 뒤떨어지면 큰 성공을 기대하기 어렵고, 얼굴이 다소 부족해도 눈만 수려하게 타고났다면 무엇을 두려워하겠는가. 일생을 두고 크나큰 작용을 하는 눈은, 운명의 척도가 되며 선악을 판단하는 기틀이 된다.

··· 눈에도 오장육부가 있다

눈은 오장육부 중에서 간에 소속되어 있어, 간이 피로하면 눈이 어두워지고 간이 성성한 사람은 눈이 윤택하고 밝은 법이다. 간은 오행 가운데 목木의 기운에 해당하여 수생목水生木으로 물(水)을 만나야 살아갈 수 있는데, 몸에 진액이 부족하면 간이 피로해질 수밖에 없다.

이처럼 전체적으로는 간이 눈을 주관하지만, 눈의 각 부위마다 해당하는 장기가 따로 있다. 동공은 신장이 관리하고, 검은자위는 간, 흰자위는 폐, 윗눈꺼풀은 위장, 아랫눈꺼풀은 비장, 눈의 시작과 끝부분(내외자)은 심장이 각각 관리를 한다.

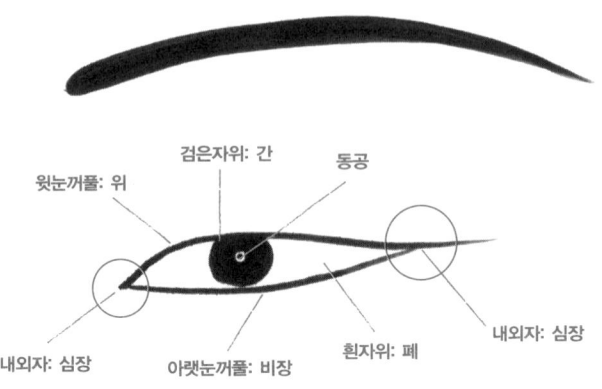

눈의 각 부위는 오장육부와 관련된다

눈은 전체적으로는 간이 주관하지만, 각 부위마다 해당하는 장기가 따로 있다. 동공은 신장이 관리하고, 검은자위는 간, 흰자위는 폐, 윗눈꺼풀은 위장, 아랫눈꺼풀은 비장, 눈의 시작과 끝부분(내외자)은 심장이 각각 관리를 한다. 이들 각 부위는 오장의 정기가 집중된 곳으로, 눈을 면밀히 관찰하면 우리 몸의 건강상태를 읽을 수 있다.

이들 각 부위는 신장·간·폐·비(위)장·심장 등 오장五臟의 정기가 집중된 곳으로, 눈을 면밀히 관찰하면 우리 몸의 건강상태를 그대로 읽을 수 있다.

먼저 정기精氣가 집중되어 있는 눈동자는 신장의 수水기운이 충만하여 검고 윤택해야 한다. 신장이 튼튼하고 수기水氣가 왕성하면 동공이 흑칠黑漆처럼 검고 빛이 나며, 이러한 동공을 지닌 사람은 지혜가 깊고 정신력이 강하다. 반면 신장이 허하여 정精이 부족한 자는 물이 말라 시들어가는 초목처럼 눈동자 역시 흐리고 기가 약하다.

검은자위는 간의 정기가 집약된 곳으로, 앞에서 살펴본 바와 같이 나무(木)는 물을 만나야 싱싱하게 자랄 수 있다. 따라서 간의 기능이 왕성하면 검은자위가 윤택하고 푸른 강물과 같이 깊고 맑은 반면, 간이 나쁜 사람은 검은자위가 어둡고 탁하여 흐린 물과 같은 형상이 된다.

흰자위는 폐의 정기가 집중된 곳으로 금(金)의 기운에 해당하여, 폐가 튼튼하면 흰자위가 희고 깨끗하다. 반면에 흰자위가 누렇거나 붉게 된 사람은 폐에 열기가 차 있기 십상이며, 누렇게 된 경우는 또한 간에 이상이 있을 수 있다.

눈의 시작과 끝부분인 내외자(內外眥)는 심장의 정기가 모인 곳으로, 화(火)의 기운을 타고났다. 따라서 이 부분은 약간 붉은 기운을 띠고 있는데, 내외자가 잘 짓무르거나 눈곱이 많이 끼는 사람은 심장의 기능을 점검해보는 것이 좋다. 눈꺼풀은 비장과 위장의 정기가 집중된 곳으로, 토(土)의 기운에 해당된다. 눈꺼풀은 단단하고 탄력이 있어 늘어지지 않아야 좋다. 다래끼가 잘 나고 눈꺼풀에 사마귀·잡티 등이 많이 생기는 사람은 비장과 위장의 기능이 저하되었기 때문이다.

··· 한없이 길고, 적당히 깊고 가늘어라

눈은 다소 가는 듯하면서, 길면 길수록 좋다. 눈은 흐르는 강으로서 물길을 상징하는 것이므로 깊고 멀리 나아가야 한다. 다른 이목구비와 마찬가지로 눈이 짧은 것은 수려한 기운이 길지 못한 것이니, 지혜와 생명력을 뜻하는 물길이 길지 못하고서 어찌 귀할 수 있으리오.

또한 눈은 적당히 깊어야 한다. 바다든 강이든 물길의 근원은 깊고 깊은 것으로, 만약 바닥이 드러나 보일 듯 얕은 물길이라면 작은 가뭄에도 곧 물이 말라버릴 것 아닌가.

눈은 100퍼센트 바깥으로 노출되지도 말고 지나치게 함장陷藏되지도 않은 채, 적당히 숨어 있어야 한다. 눈이 길고 깊은 것은 끝없이 흐르는 물길을 상징함이니, 능히 풍부한 수량으로 대지를 윤택하게 하여 오곡이 풍성한 결실을 거두는 태평성대를 이루게 한다.

그러나 검은 동자의 색의 심도深度가 깊어서 눈이 깊은 것과 눈이 들어간 것은 다르다. 흔히들 눈이 빠꼼하게 들어간 사람에게 '눈이 깊다'는 표현을 하지만, 그것은 물이 깊은 것이 아니라 물길 자체가 육지보다 많이 낮다는 의미이다.

흘러가는 강과 내를 보라. 육지와 경사를 지어 완만하고 자연스레 낮아져 있어, 어린애라도 풍덩 빠지지 않고 물가에서 장구 치며 놀 수 있다. 마찬가지로 눈이 너무 쏙 들어가 있는 사람은 마치 물길

한없이 길수록 좋은 눈
눈은 흐르는 물길이므로 깊고 멀리 나아가야 귀격이며, 이러한 눈은 지혜롭고 부귀를 누리며 수명 또한 길다(왼쪽).
눈이 짧은 것은 수려한 기운이 길지 못한 것이니, 운세 또한 막힘이 많을 것이다(오른쪽).

이 절벽처럼 뚝 떨어지거나 웅덩이처럼 푹 파인 곳에 있는 셈이니, 그 형상부터가 위태롭고 자연스럽지 못하다. 고여 있는 웅덩이 물은 썩기 십상이며 길게 흐르기를 기대하기 어렵다. 따라서 심연은 깊고 깊되, 눈 자체는 마치 강변과 강물이 자연스레 이어지듯이 적당히 깊어야 한다.

눈 자체가 너무 깊은 것은 '깊다(深)'고 하지 않고 '함몰되었다(沒)'고 표현한다. 구조적으로 물길이 깊으면 길어질 수가 없고, 함몰되고 짧은 눈은 마치 고인 물과 같아 운이 뻗어나가지 못하여 빈박한 삶을 살아가게 된다. 눈은 흐르는 강과 같고, 물은 흘러야 맑은 법. 특히 눈이 곧 자신이자 남편·자식이기도 한 여성이 이런 눈을 가졌다면 남편과 자식을 극하게 되어 파란만장한 삶을 살아가게 된다.

또한 현대인들은 크고 둥근 눈을 선호하지만, 눈이 큰 것은 정기가 집약되지 못한 것이므로 마음이 단단하지 못하고 감성적인 경우가 많다. 수려한 눈은 검은자위가 다 보이지 않고 아래위로 약간씩 숨을 정도로 다소 가는 듯해야 한다. 강물은 어느 정도 가늘어야〔細〕 깊어서〔深〕 숨을〔藏〕 수 있고, 넓으면〔廣〕 얕아지고〔淺〕 드러나게〔露〕 마련인 탓이다. 미적인 기준에서도 동그랗기만 한 눈은 품격이 떨어지며, 길고 수려해야 참된 아름다움을 느낄 수 있다.

물론 누구나 눈은 모나지 않고 둥글지만, 세로 폭이 넓어서 검은자위의 아래위가 다 드러나 보일 정도면 문제는 심각하다. 눈은 보통으로 떴을 때 검은자위가 흰자위보다 많아야 한다. 이는 검은자위가 커야 한다는 말이면서 눈이 적당히 가늘어야 한다는 의미이기도 하다. 좀더 정확히 말하면 검은자위가 3분의 2 정도만 보이고 3분의 1은 아래위 눈꺼풀 속에 가려지는 것이 가장 좋다.

··· 사백안은 사납고 호색한 성품

눈에 흰자위가 너무 많은 것은 폐의 기운이 왕성한 탓이다. 폐는 오행 가운데 금金에 속하며, 금은 흰색에 해당한다. 흰색의 기운은 차

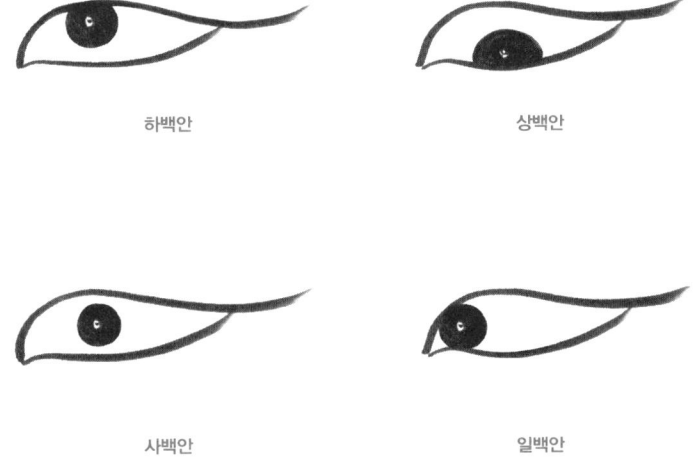

이백안이 되지 못한 여러 가지 눈의 모습

아래쪽 흰자위가 보이는 하백안(下白眼: 下三白)은 강강하고 사나워서 육친을 극하는데, 여자는 주로 아들을 극하면서 산액(産厄)의 놀램이 있다.

눈의 위쪽 흰자위가 보이는 상백안(上白眼: 上三白)은 심성이 극히 음흉하고 안하무인격이다. 사업은 굴곡이 심하며 흉포한 심성이 있어 처자를 극하는 상이다.

상하좌우의 흰자위가 모두 보이는 사백안(四白眼)은 가장 꺼리는 눈이다. 포악하고 사납고 음탕하며, 육친과 배우자를 극하는 상이다.

검은자위가 한쪽으로 쏠려 있는 일백안(一白眼)의 경우는 한쪽 눈만 일백안이면 그 흉함이 덜하지만, 양쪽 눈이 모두 일백안이면 마음이 비뚤고 교활·탐음하며 처자를 극한다.

가운 살기殺氣를 의미하는데, 얼굴의 가장 중요한 부분인 눈에서 검은자위를 제치고 흰색이 너무 희번덕거린다면 어떻게 되겠는가.

이러한 눈을 가진 사람은 마치 가을서리가 하얗게 내려앉은 듯 성정이 사납다. 또한 금백金白의 기운이 너무 강하면 음기가 지나치게 무성해져서, 호색好色하고 당돌하며 어리석고 겁이 없다. 흰자위는 검은자위를 중심으로 하여 좌우로만 깨끗하고 맑게 나타나는 이백안二白眼이어야 하는데, 그렇지 못한 눈으로 다음의 네 종류를 들 수 있다.

먼저 눈의 아래쪽 흰자위가 보이는 눈을 하백안(下白眼:下三白)이라고 한다. 이러한 눈은 남녀 모두 강강強剛하고 사나워서 육친을 극하는데, 여자는 주로 아들을 극하면서 산액産厄의 놀램이 있다. 눈의 위쪽 흰자위가 보이는 눈을 상백안(上白眼:上三白)이라 하는데, 심성이 극히 음흉하고 안하무인격이다. 사업은 굴곡이 심하며 흉포한 심성이 있어 처자를 극하는 상이다.

사백안四白眼은 상하좌우의 흰자위가 모두 보이는 눈으로, 남녀 모두 가장 꺼리는 눈이다. 포악하고 사납고 음탕하며 육친과 배우자를 극하는 상으로, 자연스러운 죽음을 맞이하기 힘들다. 일백안一白眼은 검은자위가 한쪽으로 쏠려 있는 경우인데, 한쪽 눈만 일백안이면 그 흉함이 좀 덜하다. 만약 양쪽 눈이 모두 일백안이라면 마음이 비뚤고 교활·탐음하며 처자를 극한다.

특히 검은자위가 새눈처럼 작아서 상대적으로 흰자위가 많으면

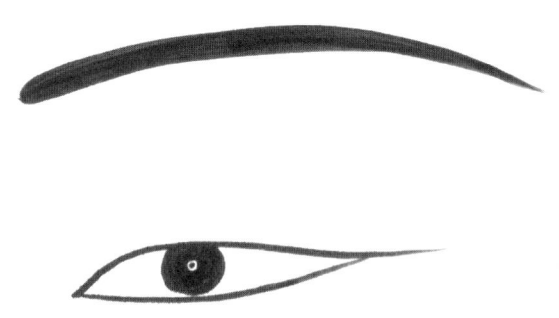

검은자위는 3분의 2 정도만 보여야
눈은 검은자위가 흰자위보다 많아야 하며, 검은자위가 100퍼센트 바깥으로 노출되지 말고 3분의 2 정도만 보이는 것이 좋다.

참으로 겁이 없어 감옥살이할 짓도 두려워하지 않는다. 검은자위가 작다는 것은 눈의 정기가 뭉치고 다져져 심강心強한 것인데, 여기에 금백金白의 차가운 살성殺性이 더해졌으니 오죽하겠는가.

특히 눈이 길면서 사백안인 경우는 상하좌우 전체가 너무 부리부리하게 크기 때문에, '지극히 큰 것은 흉한' 이치에 따라 참으로 꺼리는 상이 된다. 마치 산적들과 같이 부리부리하고 쭉 찢어진 데다 튀어나올 듯한 상의 눈이다. 이러한 눈을 가진 사람은 잔인하고 난폭하여 보통의 삶을 살아가지 못하고, 남을 직접적으로 해치는 중범죄인이 되는 경우가 많다.

이러한 눈은 '가로 횡橫'자를 써서 '횡대橫大'라 한다. '횡'이라는 글자는 '방자하고 거칠다'는 뜻을 지니고 있어, 횡포·횡령·횡액·횡사에 이르기까지, 자연의 순리를 거스르고 어긋나게 한다는 의미로도 많이 쓰인다. 반대로 폭이 너무 좁은 실눈 역시 천한 상이다.

··· 돌안은 정기가 노출되고 신기가 흩어진 것

튀어나온 눈은 돌안突眼이라 하는데, 지나치게 깊은 것 이상으로 흉상이다. 물길은 육지보다 깊은 듯해야 자연의 이치에 맞는 것이거늘, 바깥으로 돌출하였다면 물이 얕을 뿐만 아니라 홍수가 진 격이라 재앙이 일어나지 않겠는가.

눈이 가는 듯 길고 깊은 자는 장수한다. 눈이 가늘고 깊은 것은 강물이 깊은 까닭으로, 수기水氣가 왕성해야 정신력이 강하다고 하였다. 사람의 수명은 정신이 지배하므로 수기가 풍성하니 어찌 오래오래 수를 누리지 않겠는가.

눈이 나온 것은 수기가 집약된 정精이 안으로 결정체를 이루지 못하였기 때문에 밖으로 노출된 것이다. 또한 눈이 나오면 신神 역시 노출되고, 노출된 신은 기운이 흩어져 힘을 잃게 된다. 신은 숨은 듯 내부에서 이글이글 타올라야 하는 것인데 바깥으로 노출되었으니 심기의 허랑함이 어떠하겠는가.

튀어나온 눈에 사백안인 눈은 재앙을 부른다
튀어나온 눈은 강물이 얕을 뿐만 아니라 홍수가 진 격이라 좋지 않다. 특히 심하게 튀어나온 경우는 눈의 구조상 사백안이 될 수밖에 없는데, 튀어나온 눈에 아래위의 흰자위까지 모두 보이면 재앙이 많다.

따라서 눈이 나오지 않고 깊은 사람은 그 성정이 음성陰性으로서 깊은 물과 같이 신중하므로, 경박하게 자신의 마음을 드러내지 않고 매사를 심사숙고하여 결정한다. 그러나 눈이 나온 사람은 강한 양성陽性의 기질을 지녀 생각이 깊지 못하며, 매사를 즉흥적으로 결정하고 행동한다. 눈이 약간 나온 사람은 감성이 발달하고 정열적이지만, 누가 봐도 '돌안'이라고 느낄 정도로 많이 나온 사람은 정신력이 약하고 어리석은 행동을 많이 한다. 특히 심한 돌안인 경우에는 눈의 구조상 사백안이 될 수밖에 없는데, 튀어나온 눈에 아래위의 흰자위까지 모두 보인다면 참으로 재앙이 많을 상이다.

이처럼 부리부리하게 크면서 퉁방울처럼 튀어나온 눈은 배우자를 극하여 가벼우면 별거요, 무거우면 상대방을 잃을 수 있다. 만약 이런 눈이 난폭하게 흘겨보는 사나운 기질까지 겹치면 스스로 명을 재촉한다.

우리가 극도로 화가 났을 때 "속에서 불덩이가 치민다"고 하듯이, 성낸 눈은 화기火氣가 너무 왕성한 탓이다. 불기운은 위로 솟구치는 법이라 마침내 뇌수의 정기를 고갈시켜 심신의 소모가 커지게 되는 것이다. 따라서 심기가 화평하고 성품이 온화한 사람이 오래도록 장수할 수 있다.

한편, 눈뿐만 아니라 노출되지 말아야 할 부분이 노출된 것은 모두 좋지 않다. 너무 말라서 뼈가 울퉁불퉁하게 튀어나온 것, 지렁이가 엉켜 있듯 힘줄이 피부 위로 불거져 나온 것 등은 모두 살아가는 데 갖은 고난이 따르는 신고辛苦형의 상이다.

　이목구비에서도 마찬가지로 눈·코·입·귀 등이 드러나고 뒤집어진 것은 기본적으로 매우 나쁜 흉상이다. 즉 눈은 약간 깊은 듯 길어야 하고, 귀는 뒤집어지지 말아야 하여, 비공은 위로 노출되어서는 안 되며, 입은 단정하게 다물어져야 좋은 상이라고 본다.

　그러나 매우 드물게 오관五官이 모두 노출된 것은 '흉이 반전되어 길로 바뀌는 격'으로, 아주 길한 상으로 본다. 이를 '오로득전五露得全'이라 하는데, 전체적으로 조화를 이룬 상이기 때문에 오히려 진체眞體가 되어 지극히 귀한 지위에 오를 상이다.

　그러나 대부분의 경우에서 그렇듯이, 오관이 모두 드러나지 못하고 한두 군데만 노출되었다면 흉한 상으로 파란만장한 인생을 살아가게 된다.

••• 흑칠은 귀하고, 점칠은 대귀하다

정기가 충만한 눈은 검고 빛나며, 맑고 윤택하다. 눈이 검다는 것은 물의 기운인 정精이 충만함을 의미하며, 이 검은 정에서 제대로 된 신神이 나올 수 있다.

　눈이 윤택하고 빛이 난다는 것은 불의 기운인 신神이 왕성하기 때문으로, 검고 빛나는 눈을 지닌 사람은 정과 신이 모두 온전하여

점칠과 흑칠

검은자위가 옻칠을 한 것처럼 검으면서 점을 찍은 듯이 작은 것을 점칠(點漆)이라 한다. 이러한 눈은 엄청난 잠재력을 지니고 있어 강한 정신력과 명석한 두뇌로 무엇을 하든 뛰어난 성과를 거둔다(왼쪽).
지극히 검기는 하나 검은자위가 어느 정도 큰 눈은 흑칠(黑漆)이라고 한다. 정신력과 그에 따른 재복·명예운이 점칠과는 엄청난 차이가 나지만, 이 역시 수려한 눈으로 학자나 예술가의 명성을 얻을 수 있다(오른쪽).

대귀大貴에 이른다. 육체적으로는 호르몬이 풍부하여 건강과 정력이 좋고, 정신적으로는 지혜와 의지력이 뛰어나 능히 밝은 앞날을 일구어 나갈 수 있다.

검고 윤택한 눈은 재복 또한 많다. 눈은 흐르는 강으로, 강에는 물이 풍부해야 땅이 비옥해지고 만물이 풍요로움을 누릴 수 있다. 물은 곧 윤택함이요 깊은 물은 검은 법이니, 눈은 검을수록 재복이 많고 윤택할수록 자연에 융합되어 복을 받을 수 있는 것이다.

특히 검은자위가 옻칠을 한 듯이 검으면서 점을 찍은 듯이 작은 것을 점칠點漆이라 하는데, 이러한 눈은 그 속에 엄청난 잠재력을 지니고 있어 무엇을 하든 뛰어난 성과를 거둔다. 검은자위는 큰 것이 좋다고 하였으나, 점칠의 경우는 예외이다.

점칠의 특징은 다이아몬드처럼 강한 정신력과 명석한 두뇌이며, 가장 재복이 많으면서 높은 학문을 이룰 수 있는 지혜를 겸비한 눈동자이다. 이러한 눈을 가진 대표적인 인물로는 전 대통령 박정희와 기업가 이병철, 정주영, 김우중 등을 들 수 있다.

지극히 검기는 하나 검은자위가 어느 정도 큰 눈은 흑칠黑漆이라고 한다. 정신력과 그에 따른 재복·명예운이 점칠과는 엄청난 차이가 나지만, 이 역시 지혜와 감성이 풍부한 수려한 눈으로 학자나 예술가의 명성을 얻을 수 있다.

두 눈에서 빛이 나는 사람은 필시 귀인이다. 눈이 나 자신의 결정체라면, 눈동자는 눈의 결정체라 할 수 있다. 보석 중에서 가장 단단하고 아름다운 다이아몬드처럼, 엄청난 밀도로 정精을 결집하여 신神을 방출하는 중심부위인 것이다.

이처럼 자신의 정기와 정신력이 눈빛으로 뻗어 나오는 것이므로, 그 기상이 또한 고귀한 것이다. 빛은 곧 지혜와 정신력을 의미하여, 눈이 빛나던 사람도 의욕을 상실하거나 병이 들면 눈의 정기가 풀어져서 눈빛에 힘이 없어진다.

그러나 눈이 빛나고 눈빛에 힘이 있는 것과 눈빛이 너무 강하게 밖으로 풍겨 나오듯이 흩어지는 것[流散]은 다르다. 눈에서 나는 빛은 광채의 기운이 좋더라도 속에서 은은하게 반짝이며 풍겨 나와야 하는데, 안세眼勢가 너무 강하면 팔자가 드세어 고달픈 인생을 펼치게 된다. 얼핏 보면 강하고 의지력이 뛰어난 것 같으나, 이러한 눈은 신神이 피곤하여 흩어지는 격이라 주식과 도박에 빠지는 등 정신이 나간 듯한 행동을 많이 한다. 신이란 항상 생기발랄하고 은은해야 하는데, 지치고 흘러넘쳤으니 제정신을 가지기가 힘든 격이다.

••• 눈이 혼탁하고 입 주변이 지저분하면 빈천한 상

눈은 청명한 하늘에 밝은 일월이 비치는 형상으로, 흰자위는 가을 하늘처럼 맑고 깨끗하며 검은자위는 밝은 햇살처럼 빛나야 한다. 이처럼 눈의 흑백이 분명하면 그 자태에 위엄이 있어, 귀인이 되는 첫째 조건이 된다.

눈은 곧 마음과 정신의 싹이니 눈이 수려하면 그 마음과 정신도 수려하여, 흑백이 분명한 사람은 심성이 바르고[正] 신의를 중히 여기며 옳고 그름을 가리는 분별력이 뛰어나다. 이처럼 검은자위는 검어야 하는데, 예외적으로 맑은 햇살처럼 황금빛으로 빛나는 '목색통황目色通黃'의 눈은 아주 자비로운 마음이 많아서 참으로 고귀한 상이다.

눈이 어둡고 탁하여 윤택한 빛이 없으면 평생을 고난 속에서 보내게 된다. 이러한 눈은 구름이 태양을 가린 격이니 하늘의 기운[天氣]은 항상 흐릴 것이며 강물과 호수 역시 맑지 못함이다. 눈이 검지

눈에 있는 실핏줄과 점
검은자위에 굵은 핏줄이 가로로 침범하거나 실핏줄이 이리저리 어지럽게 침범하면 생명과 재산에 화를 입을 수 있으며(왼쪽), 흰자위에 검은 점이 있는 사람은 음기가 지나쳐서 호색하여 그 운명이 고독하다(오른쪽).

못하고 누리끼리하거나 눈빛이 흐릿하고 게슴츠레한 사람은 정신 또한 맑지 못하고 혼미하다.

눈에 핏줄이 어지럽게 보이는 이들이 많은데, 누구나 눈에 실핏줄은 있게 마련이지만 모름지기 실핏줄은 숨어야 하니, 그것이 붉게 모습을 드러내 검은자위를 침범한다면 삶의 고난이 심하다. 검은자위에 굵은 핏줄이 가로로 침범하거나 실핏줄이 이리저리 어지럽게 나타나면 생명과 재산에 치명적인 화를 입을 수 있다. 붉지 않아야 할 곳이 붉은 것은 적살赤殺로, 모든 것을 불태워버리는 흉악범이다. 더구나 자신의 생명체인 검은 정기에 붉은 적기가 침범하였다면, 어찌 안온한 삶이 펼쳐질 수 있겠는가.

흰자위가 누리끼리하고 붉은 실핏줄이 이리저리 어지럽게 보이는 혼탁한 눈 역시 흉목凶目으로, 탁한 기운이 일생 동안 나와 자신을 해치게 된다. 만약 눈이 혼탁한데 입 주변까지 때가 낀 듯 혹은 버짐이 핀 듯 지저분하다면, 지극히 빈천하여 정착된 삶을 누리기조차 힘들다.

눈의 흰자위에 검은 점이 있는 사람은 음기가 지나쳐서 호색하며, 윤택한 것을 넘어서 물기가 촉촉하게 젖어 있는 눈은 도화기로서 역시 음탕하다. 이러한 사람들은 오히려 그 운명이 고독한데, 아무리 많은 상대를 만난다 하더라도 그것이 안정된 삶으로 이어지지 못하기 때문이다.

••• 올라간 눈꼬리는 양성陽性, 내려온 눈꼬리는 음성陰性

눈의 각도는 앞뒤가 올라가거나 내려가지 않고 평평한 일자로 반듯하게 자리를 잡는 것이 가장 좋다. 눈꼬리가 위로 올라간 사람은 양陽의 기질에 속하여 성품이 강하고 성급하며, 단순하고 솔직하다. 반대로 눈꼬리가 아래로 처진 사람은 음陰의 기질에 속하여 부드럽고 침착하며, 생각이 많아 자신의 본심을 잘 드러내지 않는다. 전자가 무인武人의 기질을 타고났다면, 후자는 문인文人의 전형적인 상이라 할 수 있다.

눈꼬리가 많이 올라가지 않고, 평평한 가운데 아주 살짝 올라간

눈꼬리가 올라간 경우 　　　눈꼬리가 내려간 경우

눈꼬리가 위로 올라간 사람은 양(陽)의 기질에 속하여 성품이 강하고 성급하며, 솔직하여 무인(武人)의 기질을 타고났다.　눈꼬리가 아래로 처진 사람은 음(陰)의 기질에 속하여 부드럽고 침착하며, 문인(文人)의 전형적인 상이라 할 수 있다.

듯하면 길상으로서 복이 많다. 그러나 눈의 각도가 심하게 올라가거나, 갑자기 꺾어져 아래로 축 처진 눈은 배우자를 극하는 흉상이다.

　눈은 직선이 없이 부드러운 곡선으로만 이루어져야 한다. 또한 눈은 넘실넘실 굽이치는 물결과 같다고 하여 윗눈꺼풀을 상파上波, 아랫눈꺼풀을 하파下波라 한다. 이처럼 물은 그 성정이 부드럽고 원만한 것인데, 물결을 이루지 못하고 뾰족하게 각이 지면 이미 물의 기운을 떠난 것이다. 또한 직선을 이루면 폭포수처럼 강한 물로, 특히 아랫눈꺼풀이 일자一字 모양으로 생기면 심기가 매우 강하여 작심이 분명하다. 그러나 여자의 눈이 이렇다면 주체심이 너무 완강하여 홀로 살아가기가 쉽다.

　반면, 눈이 삼각형으로 각을 이루면 선악의 문제와 관련되어,

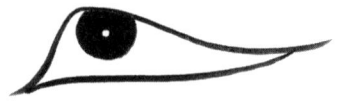

세모꼴의 눈
눈이 삼각형으로 각을 이루면 모질고 잔인한 성품을 지닌다. 마음의 창인 눈에 뾰족하게 뿔이 나 있으니 순탄한 인생을 살아가기가 어렵다.

모질고 잔인한 성품을 지닌다. 뱀 중에서도 가장 독한 살모사의 머리가 삼각형을 이루듯이, 내 마음의 창인 눈에 뾰족하게 뿔이 나 있으니 순탄한 인생을 살아가기가 어렵다. 이러한 눈을 세모눈 또는 각안角眼이라 하여, 자신과 남을 해치는 가장 위험한 눈으로 본다.

눈 모양이 길면서 활처럼 휘어지면 간교한 지혜가 무쌍하여, 옛날로 치면 왕의 곁에서 교활하고 기상천외한 꾀를 제공하는 지략가와 같다. 가늘고 긴 것은 빼어난 지혜를 뜻하지만, 자연스러운 곡선을 이루지 못하고 지나친 굴곡을 이루면 교활함을 구사하는 인간이 되고 만다. 따라서 이러한 눈을 가진 사람은 어마어마한 계략을 도모하여 대형 사기나 범법을 저지를 우려가 있다.

한편, 누구나 눈·귀·손·발 등 한 쌍씩 가진 신체부위가 판박이를 한 듯 똑같을 수는 없다. 그러나 얼른 보아서 서로 다르다는 것이

표시 날 정도라면 천한 상에 속한다. 눈 역시 마찬가지로, 하나의 쌍은 서로 차별이 없어야 편협하지 않고 평화로움을 이룰 수 있다.

　　모든 경우에 있어 남자는 왼쪽이 양陽이고 여자는 오른쪽이 양이 되는 좌양左陽 우음右陰의 법칙이 적용된다. 따라서 부모운을 볼 때 남자는 왼쪽 눈이 태양으로 아버지를 상징하고 오른쪽은 태음으로 어머니를 상징하지만, 여자의 경우는 그 반대이다. 짝짝이 눈을 가진 사람은 자신의 눈 중에서 태양에 해당하는 눈이 더 작으면 아버지가, 태음에 해당하는 눈이 작으면 어머니가 먼저 세상을 떠나기 쉽다. 또한 짝눈은 이복형제가 있는 경우가 많다.

⋯ 동물의 눈에 비유하여 보는 법

용의 눈(龍眼), 봉의 눈(鳳眼)을 타고나면 영웅호걸의 기상이 있어 뭇 사람들의 우두머리에 오른다. 용의 눈은 길고 큼지막하게 부리부리한 눈으로, 맑고 흑백이 분명하며 눈빛이 사람을 압도하듯 형형하여, 탁하고 횡대한 눈과는 그 기상이 완전히 다르다. 봉안은 용안과 기상이 같되, 용의 눈보다 가늘다. 용안은 극히 드물지만, 봉안은 역사적 영웅호걸 중에 가끔씩 나타난다.

　　또한 눈 전체의 형상이 마치 붕어처럼 타원형의 풍요로운 형상에 검은자위가 비교적 크고 검은 눈을 즉어안鯽魚眼이라고 한다. 이

봉의 눈[鳳眼]과 붕어의 눈[鯉魚眼]
봉안은 길고 가는 눈이 맑고 흑백이 분명하며 눈빛이 사람을 압도하듯 형형하다. 매우 드문 눈으로, 영웅호걸의 기상이 있어 뭇 사람들의 우두머리에 오른다(왼쪽). 붕어눈은 눈 전체의 형상이 물고기처럼 타원형으로 풍요롭고, 검은자위가 크고 검다. 이러한 눈을 가진 사람은 심성이 착하고 감정이 풍부하며 정열적이다(오른쪽).

러한 눈을 가진 사람은 심성이 착하여, 얼굴의 다른 부위가 크게 빠지지 않는다면 복을 받아 집안의 가세가 크게 일어난다. 아울러 감정이 풍부하고 정열적이며 고집이 세다. 대표적인 예로 탤런트 하희라, 임예진 등을 들 수 있다.

둥글고 유순한 빛을 띤 소의 눈[牛眼]을 타고나면 자비롭고, 거북의 눈[龜眼]은 자손의 근심이 끊이지 않고 하는 일마다 막힘이 많다. 거북은 새카맣고 맑은 눈을 가졌지만, 동굴처럼 깊고 빛이 약하여 눈이 컴컴하게 보인다. 눈 위에는 가는 주름이 세 개쯤 있다.

동그랗고 붉은 기운을 띤 벌의 눈[蜂眼]과 싸움닭의 눈[鬪鷄眼]은 눈에 독살의 기운을 타고났기 때문에, 그 독기로 인해 스스로를 극

거북의 눈[龜眼]과 물고기의 눈[魚眼]
거북은 새카맣고 맑은 눈을 가졌지만 동굴처럼 깊고 빛이 약하여 눈이 컴컴하게 보이며, 눈 위에 가는 주름이 세 개쯤 있다(왼쪽). 물고기의 눈인 어안은 눈이 동글며 동자가 완전히 노출된 것이 특징이다. 그리고 동자가 고요히 고정되어 있는 듯 잘 움직이지 않는데, 이러한 눈은 성품이 음흉하고 사나우며 명이 짧다(오른쪽).

하여 자연스러운 죽음을 맞이하기 힘들다. 뱀의 눈[蛇眼] 역시 벌눈이나 싸움닭눈과 비슷하나 붉은 동자가 튀어나오고 흰자위에는 항상 핏줄이 서 있어 보는 사람을 전율케 한다. 앞의 경우보다 더욱 나빠서, 독하고 간교하여 늙은이를 치는 패륜아일 뿐 아니라 대도적이나 범법자의 상이다.

조그만 눈에 눈동자가 작고 새카만 까마귀의 눈[鳥目]은 옥살이를 하거나 가난뱅이로 고생한다. 쥐의 눈[鼠目]은 조그맣고 새카맣고 간교하게 생긴 데다 엿보는 듯한 눈빛을 가졌는데, 남을 해하고 남의 것을 취하는 도둑의 눈으로서 형刑을 당할 상이다.

양의 눈[羊眼]을 타고난 사람은 사납고 고독하다. '양안직시羊眼

돼지의 눈[猪眼]

돼지눈인 저안은 검은자위가 몽롱하고 나온 듯하며 눈꺼풀이 두텁고 눈 전체가 어둡다. 이러한 눈은 품성이 흉악하여 범죄를 곧잘 저지른다.

直視'라고 하여, 양의 눈은 크지 않고 조금 튀어나온 듯 몽롱하게 검으면서 상대방을 빤히 노려본다. 사람을 쳐다볼 때 부드럽고 은은한 눈빛이어야 하는데 사납게 직시한다는 것은 그 성정이 담대하고 사납기 때문으로, 필시 흉하여 의지할 데 없이 고독하고 재물도 없다.

호랑이의 눈[虎眼]은 큼직하고 진하지 않은 황금색의 눈으로, 인색하고 인간미가 부족하다. 원숭이의 눈[猿眼]은 흰자위를 희번덕거리는 백안으로, 정신이상이나 간질과 같은 질환에 시달린다.

눈동자가 고요히 고정되어 있는 듯 잘 움직이지 않는 물고기의 눈[魚目]은 성품이 음흉하고 사나우며 명이 짧다. 물고기는 단명하여, 잡자마자 눈이 딱 고정되어 움직이지 않기 때문이다.

돼지의 눈[猪眼]은 검은자위가 몽롱하고 나온 듯하며 눈꺼풀이 두텁고 눈 전체가 어두운데, 성품이 흉악하여 범죄를 곧잘 저지른다. 동자의 색깔이 밝은 청색을 띠는 이리의 눈[狼眼]은 정신이 산란하여 수시로 동자를 굴리면서 비껴 보는데, 성질이 광폭하여 자연사를 하기 어렵다.

이와 같이 동물의 눈에 비유하여 눈을 보는 방식을 물형법物形法이라 하는데, 해당 동물의 눈의 모습은 물론, 그 기질과 특성을 함께 견주어 보는 것이라 하겠다.

··· 눈두덩이 너무 두터우면 간담이 크고 음탕하다

두 눈은 모두 자손궁을 보기도 하는 것이니, 마르거나 빈약하지 않고 풍만해야 한다. 눈의 아래위 눈꺼풀이 풍요로운 것은 몸의 진액이 풍부하기 때문으로, 특히 아랫눈꺼풀이 누에가 누워 있는 형상으로 도드라지고 탄력이 있으면 귀한 자손을 얻는다고 하였다. 눈의 정기가 아랫눈꺼풀에 모여 누에 모양을 이루었다고 하여 이곳을 와잠臥蠶이라 한다. 만약 이곳이 꺼지고 빈약하거나 색이 나쁘면 자식운이 좋지 않다.

동자를 비롯하여 눈의 주변은 모두 물의 신[水神]이 관장하는 용궁龍宮으로, 이를 통해 신장의 물기운[水氣]의 왕성함을 살필 수 있다. 수기는 곧 음기로, 호르몬을 의미한다. 호르몬의 분비기능이 너무 왕성하면 탐음에 흐르기 쉽고 너무 약하면 체질이 허약하다.

윗눈꺼풀인 눈두덩 역시 적당히 살집이 있어야 너무 얄팍하거나 푹 꺼져 있으면 참으로 빈박하다. 그러나 여자로서 눈두덩이 너무 두터우면 호르몬이 지나치게 왕성하여 담대하기가 그지없고 음탕하다. 뱃심이 좋아 시부모님 앞에서도 할 말을 다하고, 간담이 커서 남편 외의 다른 남자 사귀기를 주저하지 않는다.

비 온 뒤의 질퍽한 땅처럼 눈 아래에 번질번질한 물기가 있는 눈 역시 음탕하며, 점이나 사마귀가 있으면 엉큼하고 욕심이 많아 절에서도 고기를 먹을 수 있는 자이다.

사람의 눈빛과 시선은 그 사람의 격을 그대로 나타낸다. 귀부인의 눈은 사랑스러운 가운데 감히 범접하기 어려운 위엄이 있으며, 매춘부의 눈은 위엄이 없고 눈치를 보는 듯한 태도가 있다. 눈을 똑바로 쳐다보는[正視] 자는 마음이 평화롭고 정직하며, 눈을 위로 치켜떠서 사람을 보는 자는 오만무례하며, 시선을 항상 아래로 두는 자는 그 마음이 음간[陰奸]한 자이다. 눈빛이 황망하게 번득거리면서 눈알을 굴리는 자, 툭 튀어나온 눈으로 난폭하게 흘려서 훑어보는 자는 모두 음탕한 범죄형이다.

정면으로 바라보되 상대방을 노려보는 것처럼 직시를 하는 눈은 사납고 심보가 독한 상이다. 정면에서 보지 않고 삐딱한 것은 심사가 삐뚤기 때문이며, 흘낏흘낏 곁눈질하는 것 역시 마음이 바르지 못하고 남의 것을 탐하는 마음이 있는 탓이므로 모두 쓰일 그릇이 못 된다.

얼굴의 기둥
코

··· 코는 얼굴의 근본이요 나의 상징

코는 얼굴 중앙에 자리 잡고 우뚝하게 솟아 있어 인면人面의 근본을 이루며 '나 자신'을 상징한다. 오악五嶽의 주산主山인 중악中嶽이자 사독四瀆 가운데 한 강줄기이며 중앙의 방위인 토土에 해당하는 부위로, 만물이 의지하고 살아가는 터전이 된다.

또한 12궁宮 가운데 재물운을 다루는 재백궁財帛宮으로서, 집에다 비유하면 대들보나 기둥과 같은 존재이므로 코는 절대로 비뚤어지지 않고 널찍하고 웅장해야 한다.

옛사람들은 '안위심지창眼爲心之窓 비위심지표鼻爲心之表'라 하여, 눈은 마음의 창이요 코는 마음의 표상이라고 보았다. 마음은 그 형상이 없으나 코의 생김을 보고 마음의 근본을 알 수 있다는 것이다. 따라서 코의 모양이 원만하고 풍대豊大해야 그 마음 또한 자비롭고

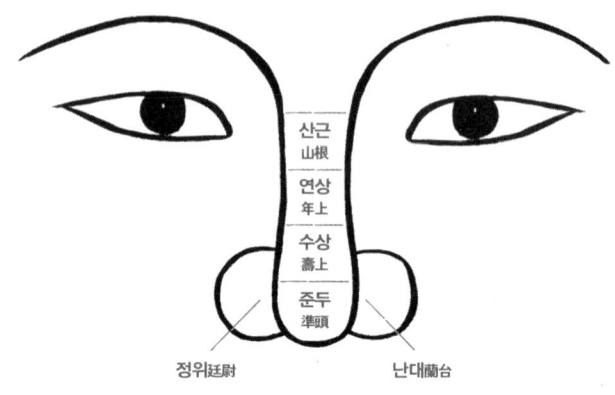

코는 내 마음의 표상

코는 얼굴 중앙에 자리 잡고 우뚝하게 솟아 있어 인면(人面)의 근본을 이루며 '나 자신'을 상징한다. 코는 마음의 표상으로 그 생김을 보고 마음의 근본을 알 수 있으니, 코가 원만·풍대하면 마음 또한 자비롭고 덕이 많아 나와 남을 이롭게 한다. 또한 12궁 가운데 재물운을 다루는 재백궁으로서, 집에다 비유하면 대들보나 기둥과 같은 존재이다.

덕이 많아 나와 남을 이롭게 한다.

코는 오관 가운데서 사물을 분별하여 심판하는 구실을 한다 하여 심변관審辨官이라고도 한다. 눈이 살핀다는 것은 이치에 맞지만 코가 무엇을 살피는 것일까?

눈은 '봄으로써' 살피고, 코는 '분별을 통해' 살핀다는 것이다. 즉, 모든 사물을 살펴서 'A가 옳다', 'B가 틀리다'라고 시비분별을 가리는 것은 코의 주장이다. 코가 강한 사람은 그만큼 고집과 콧대가 세어서, 열 명 중에서 아홉 명이 틀린다는 것도 자기가 맞다고 믿으면 끝까지 밀어붙여 주장을 꺾지 않는다. 절대 양보가 없어서, 자칫하면 어리석은 고집이 되기가 쉽다.

또한 코는 그 비공(鼻孔: 콧구멍)이 폐와 통해 있어, 폐의 영묘한 싹이 되어 매순간의 들숨과 날숨으로 소중한 생명을 이어나간다. 마치 입이 심장과 통해 있어서, 심장의 영묘한 싹을 이루어 마음에 간직한 말들을 밖으로 표현함과 같은 이치이다. 폐는 바깥 공기와 통해 있는 기관이므로 서늘해야 하며, 신선한 공기를 많이 먹어야 건강하다. 만약 폐가 더워져서 열을 받으면 코가 막히고, 폐가 서늘하면 코가 잘 통하고 냄새도 잘 맡게 된다.

이처럼 코의 안(비공)은 폐와 통해 있지만 밖(콧기둥)은 위장과 통해 있어, 토생금土生金의 원리에 따라 위장이 좋은 사람은 대개 폐가 좋게 되어 있다. 위는 토土이고 폐는 금金이기 때문이다.

··· 코의 모양은 마음의 기량을 반영하는 것

코가 훤칠하게 높이 솟아 웅장하게 생기면 높은 지위에 올라 영화로운 삶을 보내게 된다. 코가 너무 약하면 주인이 없는 형국이라, 동서남북 4악이 아무리 좋다 하더라도 소용이 없다.

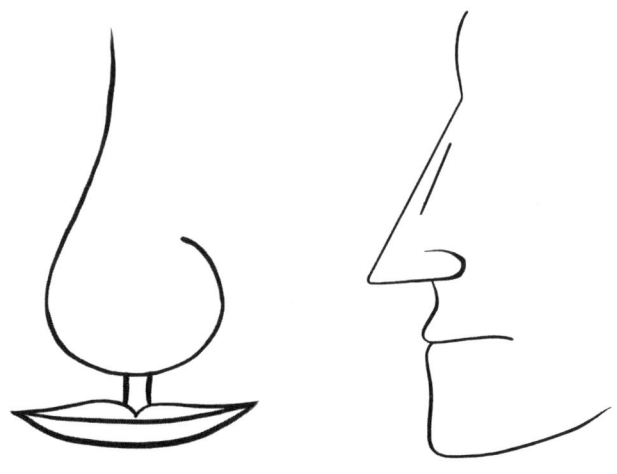

무기한 코와 날카로운 코
코는 무척 큰데 콧기둥이 풍융(豊隆)하지 못하고 빈약하며 코뼈가 아주 약해 보여 마치 살덩어리만 매달린 듯한 코는 무기(無氣)한 코로, 일생을 남에게 의탁하여 살아가기 쉽다(왼쪽).
콧대가 마치 날이 선 것처럼 뾰족하고 날카로우면 심성이 모질고 박복하여 남과 자신을 괴롭힌다(오른쪽).

    코가 우뚝하면 대귀에 이르러 위엄과 권세가 있을 뿐만 아니라 90세 이상으로 장수할 수 있다. 산이란 웅장해야 억만년이라도 끄떡없이 오래가지, 언덕배기 같은 산이라면 짧은 세월의 풍상에도 쉽게 깎이고 마모되어 사라질 것이 아닌가.
    수려한 코의 첫째 조건으로는 콧대를 이루는 뼈가 단단하게 서 있어서 기운을 받을 수 있어야 한다는 점이다. 이를 기가 있다고 하여 유기有氣라고 하는데, 코가 아무리 왕旺하게 크더라도 살만 있고 뼈대의 힘찬 기운이 느껴지지 않으면 안 된다. 코뼈가 힘을 받쳐주는 위에 살점이 있어야지, 코는 무척 큰데 코뼈가 아주 약해 보일 정도로 마치 살덩어리만 매달린 것처럼 무기無氣한 코는 아무런 소용이 없다. 만약 콧기둥이 풍융豐隆하지 못하고 빈약하면 남에게 의탁하여 살게 되니, 콧대가 너무 날렵하고 뾰족하면 심성이 모질고 박복하여 남과 자신을 괴롭힌다.

코가 널찍하고 길면 그에 준하는 기량이 풍부하며, 반대로 작고 짤막한 코는 마음의 뜻이 약하고 얕아서 큼직한 포부가 없다. 우뚝하게 중앙을 꽉 채워야지, 얼굴은 큼지막한데 코가 볼품없이 작다면 나 자신이 너무 빈약하지 않은가. 따라서 코가 너무 작으면 소인으로서 큰일을 할 그릇이 되지 못한다.

또한 콧대는 똑바르게 곧아서 대칭을 이루어야 하며, 조금이라도 비뚤면 좋지 않다. 사람의 마음이란 바르고 단정한 직심直心이 되어야 복을 받는데, 그 심성이 그대로 코에 반영되므로 코가 비뚤어지거나 휘면 심보가 비뚤거나 갈고리처럼 고부랑하게 타고나기 쉽다. 그러나 콧대가 지나치게 높거나 크면 고독해서 배우자는 물론, 부모·형제운까지도 피하게 되어 서로가 남남처럼 살아간다.

코는 살집이 풍요롭고 윤택해야 하며, 살이 적어서 뼈가 불거지면 안 된다. 우리 몸의 뼈는 대지의 금석과 같고, 살은 흙과 같은 존재이다. 코는 바로 흙土으로 토생금土生金하니, 코에 붙은 살은 곧 재물을 의미하여 풍요로울수록 재복이 많은 것이다. 만약 코뼈가 드러날 정도로 살이 없거나 말라붙고 깎여나가거나 하면 재물이 결핍되어 이곳저곳을 빈천하게 떠돌게 된다.

콧대에 울퉁불퉁한 마디가 있으면 토산土山이 아닌 석산石山인 격이라 참으로 빈한하여 좋지 않은 상으로 본다. 산이란 흙이 많은 토산이라야 나무가 우거지고 많은 열매가 달려 온갖 동물들이 먹고 살 수 있는 부유한 산이다. 그러나 석산은 암석 덩어리로 되어 있으니 생물이 살 수 없을 뿐만 아니라, 영혼이 안온하고 평화롭게 잠들기 어렵다고 하여 무덤조차 쓰지 않는다.

풍수지리적인 시각에서 우리나라에 유달리 외침이 많았던 이유를 산세山勢의 영향에서 비롯된 것으로 보기도 한다. 후덕한 토산이 왕실과 수도를 감싸고 있어야 하는데, 북한산·관악산 등과 같이 서울의 산들은 석산이다. 따라서 바위가 삐죽삐죽한 모습이 마치 불꽃이 타오르고 창칼이 서 있는 형국이므로, 사방에서 열강들이 침범하여 국난이 끊이지 않았다는 것이다.

⋯ 매부리코는 반드시 눈과 함께 보아야 한다

코 중에서 최고의 복을 지닌 코로는 현담비懸膽鼻를 꼽는다. 살집이 풍후하면서 심성이 가장 착한 원만형으로 생겨서 복을 받는 것으로,

주로 거부 중에 이런 코를 가진 자가 많다. 현담비란 글자 그대로 쓸개를 매달아놓은 듯한 모양의 코로서, 돈자루에 돈이 많이 담겨서 축 늘어진 모양을 하고 있다.

코의 뿌리인 산근山根은 넓찍해야 하는 것인데 현담비에 있어서만은 예외로, 산근이 가늘면 가늘수록 더욱 재복이 많아진다고 본다. 매달린 쓸개의 무게가 풍만하고 무거울수록 아래로 처지기 때문에, 윗부분인 산근은 더욱 가늘어질 수밖에 없는 이치이다. 따라서

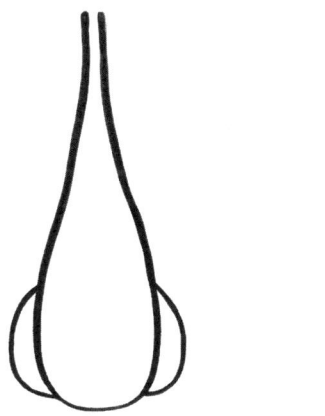 

현담비 懸膽鼻
현담비는 최고의 복을 지닌 코로서, 살집이 풍부하면서 글자 그대로 쓸개를 매달아놓은 듯한 모양을 하고 있다. 현담비의 경우는 예외적으로 코의 뿌리인 산근이 가늘면 가늘수록 더욱 재복이 많다고 보는데, 옛날 중국 중원 땅의 거부들은 대부분 이러한 현담비를 지녔다.

쓸개자루가 크면 클수록 재복이 많을 수밖에 없다. 옛날 중국 중원 땅의 거부들은 대부분 이러한 현담비를 지녔다.

현담비 다음으로 좋은 코는 절통비截筒鼻이다. 마치 대통(竹筒)을 가로로 단정히 끊어놓은 듯한 모양으로, 살집도 풍부하면서 뼈가 단단해 보이고 코에 힘이 있어 유기有氣하다.

뼈가 단단해 보이는 자는 건강하여 절통비는 장수를 누릴 수 있으며, 준두와 콧방울 역시 힘이 있고 단단하다. 현담비에는 주로 거부가 많고, 절통비는 부귀를 겸하는 경우가 많다.

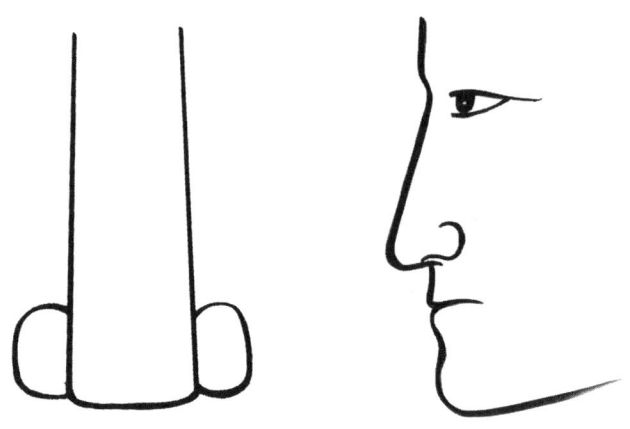

절통비 截筒鼻

절통비는 대통을 가로로 단정히 끊어놓은 듯한 모양이며, 살집도 풍부하면서 뼈가 단단해 보이고 전체적으로 코에 힘이 있다. 이러한 코를 지니면 장수와 부귀를 누릴 수 있다.

전형적인 매부리코

매부리코는 콧날이 우뚝하면서 코끝이 뾰족하고 꼬부장하여 마치 매의 부리를 연상케 한다. 뭇 새들의 왕이며 사냥에 매우 능한 매의 기상을 제대로 타고난 매부리코는 대단한 능력자이다.

    절통비의 경우, 아무리 콧대가 대나무처럼 웅장하더라도 준두의 아래가 울퉁불퉁하다면 훨씬 격이 떨어지는데, '끊을 절截'자를 사용하였듯이 코끝이 앞에서 보았을 때 대나무를 가로로 단정히 잘라놓은 듯한 모양을 취해야 절통비의 격을 갖춘 코이다.
    한편, 매부리코는 옆에서 보았을 때 콧날이 날카롭게 날렵하며 약간의 곡선을 그리면서 내려와 코끝이 뾰족하게 꼬부장하여 마치 매의 부리를 연상케 한다. 뭇 새들의 왕이며 사냥에 매우 능한 매의 기상을 제대로 타고난 매부리코는 대단한 능력자이다.
    매부리코에는 눈이 착한 안선구비眼善勾鼻와 눈이 악한 안악구비眼惡勾鼻가 있어서 반드시 눈과 함께 보아야 한다. 안선구비는 비록 날카롭고 사나운 매의 코를 지녔으나 눈은 선량하게 생겨서 선행을 베풀며 자신의 능력을 사회에 유용하게 사용하지만, 안악구비는 자신의 능력을 사리사욕을 위해 사악하게 사용한다. 전형적인 매부리코는 눈까지 겸하여 안선구비를 이루어야 하는데, 이러한 상은 그야말로 매와 같아서 지혜와 용맹을 겸비한 초인적인 능력을 지닌다. 대표적인 인물로는 레이건, 키신저 등이 있다.

사냥을 잘하기 위해서는 용맹뿐만 아니라 깊은 지혜가 필요한데, 이러한 매의 기상을 제대로 타고난 지혜로운 능력자인 것이다. 이러한 사람들은 40대에 전성기를 이루어 인생의 목표하는 바를 반드시 성취해낸다.

안악구비인 자는 사나운 매코에 눈까지 혹독하게 생겨, 선행은 고사하고 마음속에 사악한 계략만 꿈꾼다. 따라서 재주를 부려 사람들을 속이고 등을 치는 지능적인 사기꾼인 경우가 많은데, 이러한 자들은 결국 패가망신하여 스스로 일신을 망치게 된다.

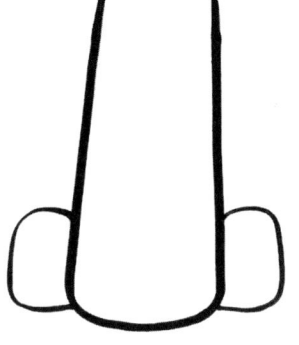

사자코는 박물군자

동물 중에 가장 풍대한 사자코는 튼실한 기둥이 아래쪽으로 내려갈수록 더욱 퍼져서 풍요롭기 그지없다. 사자코를 가진 자는 지혜롭고 국량이 크고 넓어서 천하에 모르는 것이 없는 박물군자의 기질이 있다.

그 외에도 동물 중에 가장 풍대한 코는 사자코인데, 호랑이코도 튼실한 기둥을 가졌지만 그보다 아래쪽으로 더 퍼져서 매우 풍요롭다. 사자코를 가진 자는 지혜로운 학자가 되기도 하는데, 마음과 국량이 크고 넓어서 천하에 모르는 것이 없는 박물군자搏物君子의 기질이 있다. 요즘은 전공분야의 논문 한 편이면 박사가 되지만, 진정한 박사란 모든 사물의 이치를 꿰뚫어 넓고 깊게 아는 사람을 말한다.

만약 사자코에 새카맣게 정기가 초롱초롱한 눈을 지녔다면 마음과 생각하는 폭이 넓을뿐더러 지혜 또한 무량하여, 옛날로 치면 가히 왕의 스승인 국사國師의 자리에 오를 만하다고 하겠다.

··· 광대뼈는 코를 도와주는 주요한 신하

코는 곧 재물을 맡은 재백궁財帛宮으로서, 코가 잘생기고 양쪽의 관골(광대뼈)이 코를 잘 도와주면 40대에 재운이 발하여 부를 누릴 수 있다.

코는 관골과 더불어 군신지간君臣之間으로서, 코가 수려해도 관골이 약하고 낮아서 임금인 코를 신하인 관골이 잘 보좌하지 못하면 임금이 그 능력을 제대로 발휘하지 못하게 된다. 만약 이러할 때 멀리 떨어진 귀라도 잘생겨서 기운을 보내주면 도움이 된다. 이 세상에 독불장군, 단독게임은 있을 수가 없는 것이다.

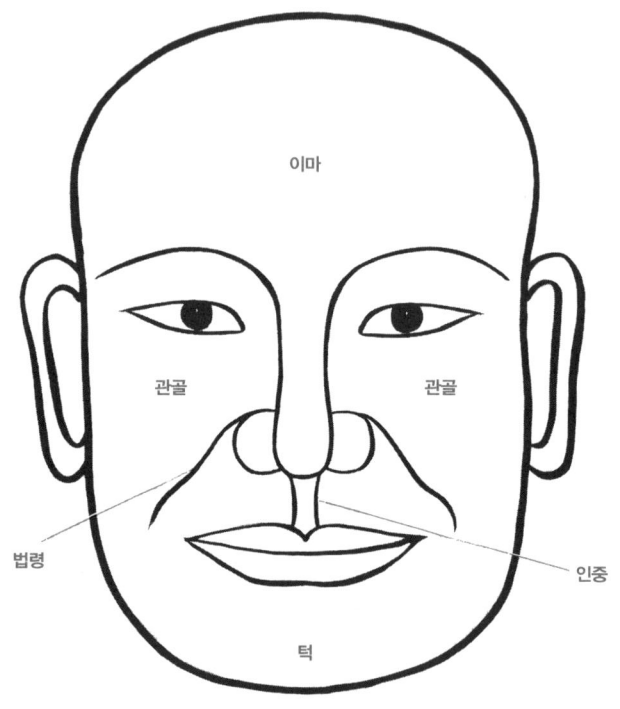

이 세상에 독불장군은 없다

코는 오악의 가장 중심 되는 산으로, 중악인 코를 중심으로 이마·턱·관골이 적당하게 솟아서 코에 잘 응해주어야 제대로 부귀를 누릴 수 있다. 특히 관골과 코는 짝을 이루는 군신지간(君臣之間)으로, 코가 수려해도 관골이 약하고 낮으면 제대로 보좌를 하지 못하여 임금이 능력을 마음껏 발휘할 수 없다.

또한 코의 뿌리에 해당하는 산근이 너무 높아서 코 아래와 절벽을 이루거나 지나치게 낮아서 함몰되지 않아야 하며, 코 아래로 이어지는 법령과 인중도 뚜렷하고 단정하게 흐른다면 참으로 좋은 상이다.

오악 중에서 남악南岳에 해당하는 이마가 기울고 넘어지거나 북악北岳에 해당하는 턱이 너무 뾰족하고 빈약하거나 뒤로 젖혀져 있다면, 참으로 빈박하고 모진 성품을 가진 경우가 많다. 이런 자는 대개 동서악東西岳에 해당하는 얼굴의 양면 역시 뒤로 젖혀진 경우가 대부분으로, 이처럼 뒤집어진 얼굴은 오악이 서로 상조하지 못하여 자비심과 복이 없고 배우자운도 약하다. 따라서 중악인 코를 중심으로 이마, 턱, 관골이 적당하게 솟아서 코에 잘 응해주어야 제대로 부귀를 누릴 수 있다. 그러나 만약 광대뼈가 지나치게 높이 솟았다면 뱃심이 너무 강하고 광폭하여 담대하게 무리한 일을 저지르는 경우가 많다.

또한 코의 뿌리에 해당하는 산근山根이 너무 높아서 코 아래와 절벽을 이루거나, 지나치게 낮아서 함몰되지 않아야 한다. 산근은 코의 뿌리로서 재물과 처자운의 근본이 되기 때문이다.

산근은 이마의 맨 아랫부분인 인당과 콧대의 중간에 있으면서 양쪽을 잇는 역할을 하기 때문에, 옆에서 볼 때 산근이 물결처럼 유연하게 인당과 콧대를 연결해야 한다. 콧기둥이 좋은 모양으로 올라 뻗어 인당까지 둥글둥글하게 빛나면 호상好相이다. 특히 산근의 기운이 마치 물소뿔을 세워놓은 것처럼 이마로 쭉 이어 뻗은 복서비伏犀鼻는 아주 귀한 운을 타고나 이름을 크게 떨치고 부귀를 누린다.

코 아래로 이어지는 법령과 인중도 코의 격과 맞아야 한다. 이들은 모두 물줄기로서 뚜렷하고 단정하게 흐르고, 입 모서리가 살짝

귀를 향해 올라가서 응해준다면 참으로 좋은 상이다.

··· 준두가 처지면 끝없는 욕망으로 재산을 모은다

준두는 재물궁인 코 중에서도 가장 핵심이 되는 부위로서, 둥글고 풍요로우면서 힘이 있어야 한다. 준두가 풍대하면 그 자체가 심성과 같아 원만하고 마음이 넉넉하지만, 만약 준두가 가늘고 뾰족하고 얇으면 심보가 좁고 박하여 고독하고 빈한하다. 살이 너무 없어 뼈가 노출된 경우도 마찬가지이다.

준두가 길어서 아래로 처진[垂肉] 듯하면 코의 기운이 강하여, 강렬하고 끝없는 욕망으로 재산을 모은다. 모든 것은 기싸움이며, 코가 내려오다 만 것처럼 짤막하면 벌써 기운이 약하기 때문에 긴 사람의 기운과는 비교가 되지 못한다. 기운이 약하다 보니 심량이 작아 뜻이 얕고 포부가 없으며, 여자인 경우에는 그 기운이 너무나 미치지 못하여 남의 후실이 되기도 한다.

이에 비해 준두가 아래로 착 드리운 코는 남을 정도로 잉여의 기운[餘氣]이 풍부하여, 오랫동안 부와 장수를 누리게 된다. 전형적인 예로는 기업가 정주영의 코를 들 수 있다. 이러한 코는 현담비와 유사한 원리를 지니고 있어, 기운이 너무 왕성하다 보니 아래로 처지게 된 것이다.

만약 이러한 코를 지닌 사람이 어떤 여성에게 "나는 당신을 정신적으로 사랑합니다"라고 한다면 그것은 진실이 아닐 확률이 크다. 이러한 코는 재물욕은 물론 욕정도 매우 강하여, 이런 사람에게 있어 여자는 육욕적인 존재이지 결코 정신적인 존재는 아닌 것이다. 코가 재물과 물질인 땅을 향해 있으니[望地] 당연한 이치이다.

또한 준두와 조화롭게 양쪽 콧방울도 힘이 있고 풍요롭게 잘 응해주어야 한다. 준두가 아주 튼실하게 잘생겼는데 콧방울이 찌그려 붙어 있는 형국이라면 아무런 소용이 없다. 100퍼센트 되는 준두에 100퍼센트 되는 콧방울이 되어야 한다. 나의 상징인 코의 마지막 힘과 욕망이 양쪽 콧방울에 와서 서려 있기 때문에, 둥글고 기운차게 생겨야 한다.

콧방울은 왼쪽을 난대蘭台, 오른쪽을 정위廷尉라 하여 '난대정위'라 부르기도 하고, 재물을 모아두는 창고로서 왼쪽을 금궤金櫃, 오

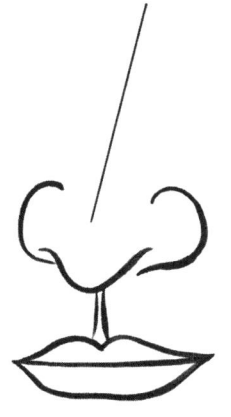

아래로 길게 드리운 코
준두가 길게 드리운 코는, 코의 기운이 남을 정도로 풍부하고 강하여 아래로 처지게 된 것이다. 따라서 강렬하고 끝없는 욕망으로 큰 재산을 모아, 무궁한 부와 장수를 누리게 된다.

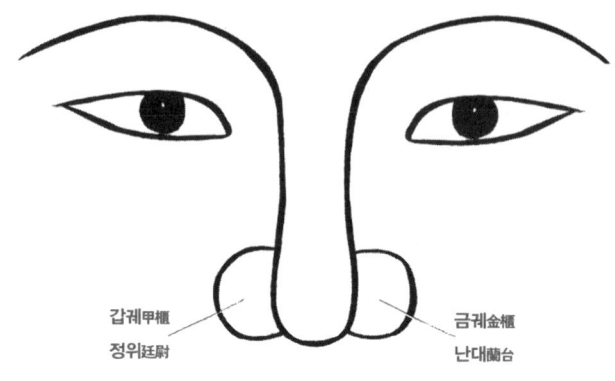

갑궤甲櫃
정위廷尉

금궤金櫃
난대蘭台

양쪽 콧방울은 재물창고

콧방울은 왼쪽을 난대, 오른쪽을 정위라 하여 '난대정위'라 부르기도 하고, 재물을 모아두는 창고로서 왼쪽을 금궤, 오른쪽을 갑궤라 하여 '금갑'이라 부르기도 한다. 준두가 재물복이라면 금갑은 재물창고이며, 준두가 힘차게 밀고나가는 추진력이라면 금갑은 보다 근본적인 욕망이다.

른쪽을 갑궤甲櫃라 하여 '금갑金甲'이라 부르기도 한다. 준두가 재물복이라면 금갑은 재물창고로서, 아무리 재물복이 좋아 많은 돈을 만지더라도 자신의 것으로 창고에 쌓이지 않으면 아무런 소용이 없다.

또한 준두가 힘차게 밀고나가는 추진력이라면, 금갑은 보다 근본적인 욕망이다. 준두 역시 그 자체가 욕망이지만, '나는 반드시 부자가 되리라' 하는 보다 알차고 무서운 집념은 금고인 금갑에 서려 있는 것이다. 따라서 금갑이 좋으면 재욕이 단단하여 모으는 힘, 저

축심이 강하므로, 멋진 준두에 멋진 금갑으로 잘 상응하면 부귀를 누리게 된다.

코를 아래에서 올려다보면, 마치 두 개로 된 부뚜막과 아궁이와 같은 모습을 하고 있다. 따라서 콧구멍은 조문灶門이라 하여 불을 땔 때는 아궁이로 보고, 금갑을 아궁이를 둘러싸고 있는 부뚜막으로 보기도 한다.

부뚜막인 콧방울은 어느 정도 두터워서 튼튼해야 하며, 아궁이인 콧구멍 역시 아궁이답게 적당히 넓고 맵시 있게 둥글어야 한다. 부뚜막은 곧 부엌을 상징하는 것으로, 너무 빈약하고 허하면 제대로 솥을 걸어놓고 불을 때어 음식을 마련할 수 없게 된다.

··· 100퍼센트 들창코는 재산과 운이 다 빠져나가는 형국

앞에서 나온 '부엌 조灶'자는 불을 때는 곳이므로 '불 화火'변을 쓰고, 땅을 내려다보아야 하므로 '흙 토土'가 함께한다. 따라서 비공(콧구멍)인 조문 역시 아래를 향하여 땅을 보아야 자연의 이치에 상응하게 된다. 만약 비공이 하늘을 우러러 앙천仰天하는 형상의 100퍼센트 들창코라면 재산과 운이 다 빠져나가고 흩어지는 상이라, 가난과 고독과 단명의 운을 타고난다.

약간의 들창코는 인간미가 좋고 선하여 좋은 상으로 보지만, 동굴 속이 다 들여다보일 정도로 뻥 뚫린 들창코는 '이틀 먹을 양식이 없다'는 속담대로 나쁜 상이다. 특히 목의 울대뼈가 흉하게 튀어나온 데다 100퍼센트 들창코라면 더욱 흉상이다.

반대로 정면에서 보았을 때 콧구멍이 하나도 보이지 않으면 구렁이처럼 무섭게 인색한 수전노이며, 철두철미하게 자신의 속을 사리고 숨기는 이기적인 사람이다. 철저히 물질과 이재理財를 추구하는 상이라 할 수 있다.

비공이 적당하게 널찍하면 인품이 탁 트여 대인의 풍이 있는데, 너무 크면 신기가 허하여 흩어지고 빠져나가는 형국이라 재산이 모일 수가 없다. 이런 자는 비록 준두와 금갑이 좋아 재산을 많이 모은다 하더라도 낭비가 너무 심하고 쓰임새의 규모가 없어서 재산을 다 털어먹을 수 있다. 비공이 팥알처럼 조그마하면 심량 역시 좁고 미

완전히 노출된 비공
동굴 속이 다 들여다보일 정도로 뻥 뚫린 들창코는 이틀 먹을 양식이 없을 정도로 빈박한 상이다.

약하여, 큰 뜻을 품기가 어려운 소인배이다.

코는 나 자신이자 재물이기 때문에 윤택하고 깨끗해야 한다. 눈에만 윤택한 빛이 있는 것이 아니라, 코도 마찬가지로 윤택한 빛이 나야 한다. 코는 토土에 해당하는 바, 만약 대지에 물이 부족하면 곡식이든 과일이든 열매를 맺지 못하고 뭇 생명이 살아갈 수가 없다. 물은 만물을 풍요롭게 가꾸는 생명과 재물의 근본으로서, 윤택하다는 것은 곧 물기운이 풍부하다는 것이다. 코의 모양이 수려한 데다가 깨끗하고 윤기가 빛나면 토생금土生金의 원리에 따라 풍성한 재물을 산출한다. 코가 까끌까끌하다든지 건조하여 빛이 없다면 물이 부족하고 불기운만 성한 것으로, 만물이 병들어 오곡백과는 물론 근본인 사람이 제대로 살아갈 수가 없다.

코가 적기赤氣나 검푸른 기색을 띠면 일신에 좋지 못한 일이 생

세로로 된 부위를 가로지르는 주름은 흉하다
산근, 코, 인중 등에 가로주름이 지나가면 뻗어나가는 운세를 막는 형국으로 인생에 각종 우환이 생긴다.

길 수 있으며, 선천적으로 타고났다면 동서남북으로 바쁘게 돌아다니며 고단하게 생계를 유지할 상이다. 코에 쓸데없는 주근깨나 점·사마귀 등이 많은 것도 빈한한 상으로, 대체로 얄팍하고 빈약한 코일수록 이러한 것들이 많이 들러붙게 된다.

    코에 가로주름이 지나가면 우환이 생기고, 산근에 가로주름이 두세 개 있으면 이마에서 내려오는 운기를 잘라버리는 형국이라 평생을 고생스럽게 살아가게 된다. 또한 콧잔등 부근에 세로로 여러 개의 주름살이 있는 사람은 자식궁이 좋지 않다. 주름살은 모두 생기를 죽이는 살기이기 때문에, 나이에 따른 자연스러운 주름이나 특수한 부위를 제외하고는 대부분 아주 좋지 않은 것이다. 특히 세로 모양의 길게 생긴 부위(코, 귀, 인중, 볼 등)의 맥을 자르는 가로주름은 뻗어나가는 운세를 막는 형국이므로 아주 좋지 않다.

인간 됨됨이를 알 수 있는 지표
입

··· 입은 마음의 표출처

입은 오관五官 가운데 여러 가지가 들어오고 나가는 부위라 하여 출납관出納官이라 한다. 아울러 말을 하는 문이요〔言語之門〕먹고 마시는 도구〔飮食之具〕이며, 공기를 들이쉬고 내뱉는 호흡기관이기도 하다.

『주역』에서 입을 '만물의 조화를 일으키는 곳'이라고 표현했듯이, 귀·코·눈썹·눈·입 중에서 가장 많이 움직일 수 있는 것이 입이요, 가장 많은 작용을 하는 것 또한 입이다. 왜 그런 것일까?

체용론體用論을 통해 우리 얼굴을 살펴보면, 귀·코와 같이 세로 축으로 된 부위는 체體에 해당하여 거의 움직임이 없이 고정되어 있다. '귀가 쫑긋한다' '코를 벌렁거린다'는 말이 있지만 어디까지나 미세한 움직임에 불과하여, 귀나 코의 움직임을 통해 자신의 표정과 마음상태를 표현하기는 거의 불가능하다.

반면, 가로축으로 된 부위인 눈썹·눈·입은 용用에 해당하여 여러 가지 작용을 한다. 눈은 감을 때도 살짝 감느냐 꽉 감느냐에 따라 표현이 달라지며, 가늘거나 둥글게 눈의 크기를 조절하거나 눈동자의 방향을 조정함으로써 사랑의 감정에서부터 증오에 이르기까지 다양한 감정을 드러낼 수 있다. 눈썹 역시 눈과 함께 추켜올리기도 하고 축 늘어뜨리거나 꿈틀거리기도 하면서 귀나 코보다 훨씬 다양하게 표정을 나타낼 수 있다.

지구의 축이 딱 고정되어 있어 지축地軸을 중심으로 좌우로는 자전自轉하지만 아래위로는 절대 움직이지 않듯이, 얼굴 전체가 아래위로 축을 이루고 있어 가로로 된 부위들만 움직일 수 있는 것이다.

그렇다면 입으로써 만물의 조화가 벌어진다는 의미는 무엇일까? 그것은 바로 마음속으로 생각하는 것을 입을 통해 표현하기 때문이다. '말 한마디에 천 냥 빚도 갚는다'는 속담이 있듯이, 입과 혀를 잘 사용하느냐 못하느냐에 따라 자신의 운명이 좌우된다. 심장에서부터 목구멍을 통해 연결된 가장 바깥 부위에 해당하는 입은, 온갖 상벌과 희로애락을 일으키는 장본인이다.

예부터 입이나 혀를 '심장의 끝[心端]' 또는 '마음의 문호門戶'라 하여, 그 작용을 통해 당사자의 인간 됨됨이를 알 수 있는 지표로 삼아왔다. 입이 경솔하여 남을 비방하고 말썽 일으키기를 좋아한다면 스스로 화근과 재앙을 불러일으키는 것이요, 입이 단정하고 신중하다면 그 복과 품격이 곧 자신에게 되돌아오는 것이다. 따라서 이렇게 소중한 입이 수려하게 생겼다면 그 속에서 나오는 말 또한 단아하고 정갈할 것이라 여길 수 있다.

••• 여성 원리를 상징하는 입

상을 볼 때 남자는 눈을, 여자는 입을 주로 본다. 눈은 하늘에 떠 있는 태양(火)으로서 양(陽)에 해당하는 남자의 상징이 되며, 입은 바다

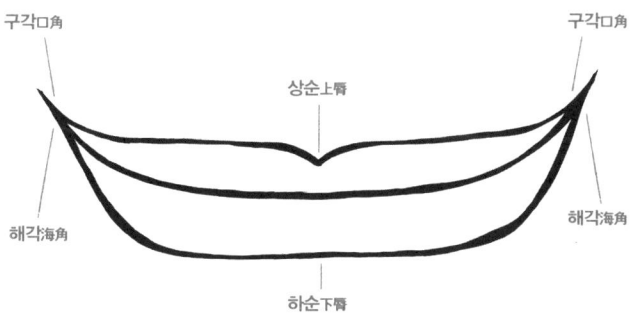

만물의 조화를 일으키는 입
입은 '만물의 조화를 일으키는 곳'으로서, 여러 가지가 들어오고 나가는 부위라 하여 출납관이라 하며, 말을 하는 문이요 먹고 마시는 도구이자 공기를 들이쉬고 내뱉는 호흡기관이기도 하다. 상을 볼 때 남자는 눈, 여자는 입을 주로 보아, 여자의 입이 못생기면 다른 곳이 아무리 잘생겨도 귀부인이 될 수 없음은 물론, 고난이 많다.

[水]요 땅[土]으로서 음陰에 해당하는 여자를 상징하는 기관이기 때문이다.

입은 얼굴의 삼정(三停, 三才) 중 땅에 속하면서, 사독四瀆에서 살펴보았듯이 모든 흐르는 물을 마지막으로 받아들이는 대해大海이다. 동서양을 막론하고 고대신화에서 땅과 물의 신은 여신女神으로 다루어져왔다.

이들이 여성적 원리로 상징되는 것은 생명력의 기반이 되기 때문이다. 물은 모든 생명의 탄생과 성장에 필수적인 존재이며, 땅 역시 생산과 풍요의 모태가 된다. 이러한 물과 땅이 지닌 생명력은 여성의 생산적 기능과 밀접히 연관되어 있을 뿐만 아니라, 낮은 곳에서 음덕陰德으로 만물을 보살피는 그 속성 또한 여성의 미덕과 매우 유사하다.

따라서 입은 땅과 물의 원리를 최대한 살려 그 모양이 땅처럼 두터워야 하며, 흐르는 강물처럼 길고 윤택해야 한다. 만약 여성의 입이 제대로 격을 갖추지 못했다면, 다른 곳이 아무리 잘생겨도 귀부인이 되기는 힘들다. 입의 모양과 색깔 등을 통해 여성으로서 지녀야 할 부덕婦德을 살피기도 하고, 남편에 대한 헌신적인 마음과 남편으로부터 받게 되는 사랑 등 남녀 간의 애정운을 점치기도 하며, 여성적 원리의 가장 근본이 되는 자녀 출산의 문제들을 보기도 한다.

예를 들면 입술에는 가는 주름이 많아야 자식을 많이 둘 수 있다. 꽃잎에 잔잔한 주름이 있어야 나비가 날아와서 열매를 맺을 수 있듯이, 다리미로 다려놓은 듯 주름 하나 없이 반질반질한 입술은 자식 인연이 없는 경우가 많다.

··· 사(四)자형의 입은 길이 영화로움을 누린다

입은 바다를 상징하니 길고 넓어야 하며, 마땅히 물기가 마르지 않고 윤택해야 한다. 물은 만물의 근본이요 생명의 원천으로서, 인간의 삶을 윤택하게 해주는 사랑과 재물이 함께 내재한다. 따라서 입이 큼직한 사람은 작은 사람에 비해 모든 것에 대한 의욕이 왕성하다. 입이 큼직하고 입술이 풍요로우면 사랑이 많아 배우자와의 애정운이 좋다.

현대의 여성들은 입이 큼직한 경우가 많은데, 생활력이 강해서 활발한 사회생활을 통해 스스로 삶을 개척해나갈 수 있는 능력이 있다. 시대에 따라 여성의 기량도, 그 기량을 반영하는 상도 달라지는 것이다.

코와 마찬가지로 입이 작으면 그릇이 작고 배포가 약하다. 입을 다물었을 때는 적당하게 크다가, 벌리면 주먹이 들어갈 만한 정도가 된다면 과히 부귀를 겸비한 대장부감이라 할 수 있다. 만일 다문 입이 얼굴의 조화가 깨어질 정도로 크다면, 오히려 파격이 되어 단정

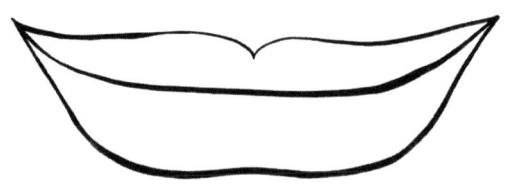

구여사자口如四字의 입
입의 모양이 '넉 사(四)'자의 기풍이 있으면 동서남북 사방의 기운을 타고나서 호방한 기품에다, 바다 같은 도량으로 모든 것을 넓게 포용하는 덕망이 있다. 따라서 권세가 당당하고 자신과 자손이 영화롭게 된다.

하지 않으므로 좋지 못하다. 모든 부위에 있어 길고 큼직하고 풍요롭더라도 단정한 맛이 없으면 천격賤格이 된다.

특히 구여사자口如四字라 하여, 입의 모양이 '넉 사四'자의 기풍이 있으면 동서남북 사방의 기운을 타고나서 호방한 기품에다, 바다 같은 도량으로 모든 것을 넓게 포용하는 덕망이 있다. 따라서 권세가 당당하고 자신과 자손이 영화롭게 된다. 대표적인 구여사자로는 유도선수 하형주를 들 수 있다.

만약 입이 두 눈을 기준으로 하여 검은자위 안쪽에 들어올 정도이면 작은 것으로, 왕성한 기운과 복이 부족하여 자신의 필사적인 노력이 요구되는 상이다. 그러나 여자의 입은 다소 작아도 큰 허물이 되지 않는데, 작더라도 그 모양과 색깔 등이 수려해야 함은 말할 나위가 없다.

··· 두툼한 입술은 내 일신의 튼튼한 제방

입술은 마치 강둑이나 호수를 가두는 제방과도 같으니 모름지기 두 터워야 한다. 입술이 얇으면 그만큼 큰물을 가두어두기가 어려울 테 니 가난하고 박덕한 것이다. 만약 입술의 위아래가 어긋난다면 그 물이 다 빠져나갈 테니 큰일이 아닌가.

입술은 모름지기 단정하고 두툼해야 하는데, 특히 아랫입술이 조금이라도 더 두터워야 한다. 모든 상하의 짝에 있어서 위는 하늘, 아래는 땅에 해당하는 것이니 하늘이 땅을 내리누르는 형국은 참으 로 좋지 않다.

아래에 있는 것이 풍요로워야 안정감이 있고 튼튼할뿐더러, 하 늘은 원래 형상 없이 정신적으로 위대한 존재이지, 무거운 존재가 아니다. 반면에 땅은 형체가 있으면서 한없이 두텁고 무거운 존재이 다. 만약 땅이 얄팍하고 하늘이 두텁다면 이 세상이 어떻게 되겠는 가. 그러나 물길을 가두는 제방이니 기본적으로 두툼해야 함은 물론 이다.

특히 윗입술이 얇은 사람은 입이 가볍고 말이 많으며, 아랫입술 이 얇은 사람은 빈한하고 하는 일마다 막히게 된다. 아래위가 모두 얄팍하기 그지없는 사람은 헛된 말을 많이 하고, 가장 빈박한 입술 을 타고난 격이다. 단, 이목구비의 격을 제대로 갖춘 무인형武人形의 입은 완전 일자一字의 모양을 이루는데, 이와는 혼동하면 안 된다.

위아래가 두툼하게 잘 갖추어진 사람은 신의와 복덕이 있고 지혜 또한 현명하다. 입술은 혀와 치아를 보호하는 성곽과 같은 구실을 해야 하므로 튼실하고 힘이 있어야 한다. 이는 모든 상법相法의 이치이기도 한 것으로, 기가 있느냐(有氣) 없느냐(無氣)를 따지는 것은 맨 먼저 이목구비의 크기로 판단한다. 무엇이든 어느 정도 큼직하고 두툼해야 기氣를 받고 힘이 있으며, 자그마하고 얇은 것은 무력하게 마련이다. 다소 작더라도 그 기품이 뛰어나면 허랑하게 큰 것보다 귀격貴格인 것은 물론이다.

··· 입술 양끝이 올라가면 관운이 좋은 귀격

입은 단정하고 후덕하게 생기는 것이 가장 중요하다. 그러자면 위아래 입술이 어긋나지 않고 잘 맞아야 하며, 옆에서 볼 때 어느 한쪽이 더 나오지 않아야 한다. 만약 그렇지 못하고 윗입술이 아랫입술을 덮치는 격이면 바닷물이 다 빠져나오는 형국이므로 60대 이후의 말년운이 엉망인 상이며, 이보다는 아랫입술이 나온 경우가 바닷물을 막는 상이므로 더 낫다.

또한 양쪽 입 끝(口角)이 약간 올라간 듯이 힘 있게 생기면 이른바 앙월구仰月口라 하여 대단한 귀격으로 삼는다. '앙월'이란 글자 그대로 입 끝이 천상의 달을 향하듯이 힘차게 올라간 기상을 말하는

데, 이러한 입은 관운官運이 가장 좋은 상으로 간주한다. 전 대통령 김영삼이 대표적인 앙월구이며, 고관대작들 가운데 이러한 입을 가진 사람이 많다. 이러한 형상은 입은 귀를 향하여, 귓불은 입을 향하여 서로 잘 조응한 것이니 어찌 나쁠 수 있겠는가. 반대로 구각이 힘없이 축 처진 모양은 배가 뒤집힌 형국으로, 복주구覆舟口라 하여 빈고貧苦의 천상으로 본다.

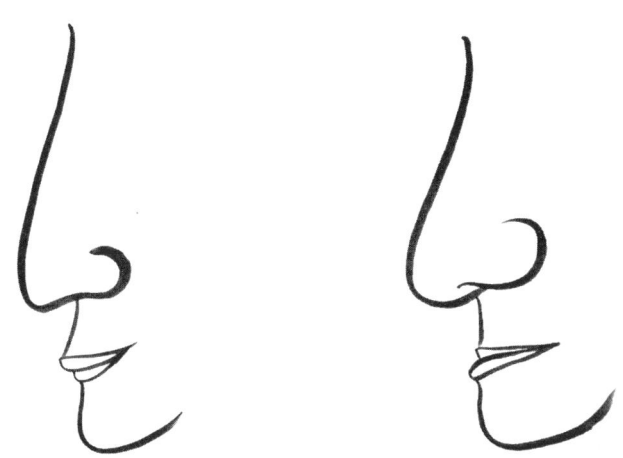

입술은 위아래가 어긋나지 않아야 한다
위아래 입술은 서로 어긋나지 않고 잘 맞아서 단정한 형상을 띠어야 한다. 윗입술이 아랫입술을 덮치는 격이면 바닷물이 다 빠져나오는 형국이므로 60대 이후의 말년운이 엉망인 상이며(왼쪽), 그것보다는 아랫입술이 나온 경우가 바닷물을 막는 상이므로 더 낫다(오른쪽).

입술 선은 산의 능선이 유려하게 흐르듯이 윗입술의 뻗어나간 선이 수려하면서도 분명해야 한다. 울퉁불퉁 바위가 튀어나온 산은 천한 산으로, 귀한 산은 능히 부드럽고 수려하게 뻗어나가야 한다. 입술 윤곽이 문드러진 것처럼 흐지부지한 사람은 천상으로, 여자인 경우 정조관념이 없는 이가 많다.

입이 마치 촛불을 끌 때처럼 뾰족하게 튀어나온 것은 취화구吹火口라 하여 매우 꺼린다. 이러한 입을 가진 사람은 고독한 운명이라 육친의 인연이 박하여 부부간은 물론이요, 자손운까지 없어 늘그막에 침실이 쓸쓸하게 된다. 뾰족한 것은 모두 '외로울 고孤'자가 함께 하는데, 너그럽고 복스럽게 융화되지 못하는 각이 진 운을 지녔기 때문이다. 이러한 데다 입술이 쭈글쭈글한 주머니 같거나 말려 올라가기까지 하였다면 참으로 고독하고 고독하다.

전형적인 앙월구仰月口
양쪽 입 끝이 천상의 달을 향하듯이 힘차게 올라간 앙월구는 대단한 귀격으로, 관운이 가장 좋은 입이다. 이러한 형상은 입은 귀를 향하여, 귓불은 입을 향하여 서로 잘 조응한 것이니 어찌 나쁠 수 있겠는가.

입을 힘 있게 다물지 못하고 항상 헤벌어져 이가 보이는 사람은 심기心氣가 단단하지 못하여 크게 성공할 만한 기틀이 없다. 그리고 한쪽으로 비뚤어진 입은 심보가 어긋나 있어 심술이 많고 남과 구설시비를 일으키기를 좋아하며, 배우자를 극하고 재산을 이루지 못한다.

인중이 당겨 올라가서 윗입술이 들린 사람은 건순노치乾脣露齒로, 말로써 시비구설을 자초하는 박덕한 품성이다. 또한 입술이 너무나 무기력하고 탄력이 없어서 마치 말 주둥이처럼 살점이 축 처졌으면 고독빈천의 상이요, 주름이 없이 반들반들한 입술은 성정이 냉박冷薄하고 자식을 두기 힘들다.

전형적인 복주구覆舟口
양쪽 입 끝이 힘없이 축 처진 모양은 배가 뒤집힌 형국으로 복주구라 하여, 가난과 고난이 많은 상으로 본다.

취화구吹火口
마치 촛불을 끄는 것처럼 뾰족하게 튀어나온 취화구는 고독한 운명이라 부부간은 물론이요, 자손운까지 없어 늘그막에 침실이 쓸쓸하게 된다.

··· 입술은 심장의 끝에서 피어난 한 송이 꽃

입술의 색깔은 주사(朱砂, 붉은색 안료에 쓰이는 광물질, 순수하게 아름다운 붉은색)를 바른 듯이 붉어야 가장 귀격으로 친다. 그런데 입을 물(水)로 본다면 검어야 하고, 땅으로 본다면 황색이어야 할 텐데 왜 붉은 것일까? 그 이유는, 입이란 바로 심장의 끝(心端)이며 마음이 밖으로 표출되는 문(外戶)이기 때문이다. 붉고 뜨거운 피가 용솟음치는 심장의 끝이 바로 혀요, 입술이니 당연히 이들은 붉어야 한다.

만약 심장이나 가슴이 고열에 시달리면 그 불기운(火)이 솟구쳐 올라와 입술과 혀를 어떻게 만드는가? 대해수大海水가 말라붙어 입술과 혀는 하얗게 말라 바짝바짝 타고 갈라진다. 불덩어리의 심장이

고열에 타면 코나 귀는 변화가 없지만, 입은 물론 눈도 충혈되고 정기를 잃으면서 눈과 입에는 모두 변화가 나타난다.

눈과 입은 모두 수화水火가 상존하는 곳이기 때문이다. 눈이 검은 것은 곧 정精의 물기운 때문이요, 그 눈에서 빛이 나는 것은 곧 신神의 불기운으로 인한 것이다. 입 역시 물의 원리를 담은 곳이면서 심장의 기운이 뿜어져 나오는 수화상존의 부위이다.

사람들이 입술을 꽃잎에 즐겨 비유하듯이, 입술의 붉은 색깔은 무채색에 가까운 우리 얼굴에 마치 한 송이의 꽃과 같은 감미로움과 정감을 준다. 남자든 여자든 아름다운 마음과 입술을 가졌다면, 마땅히 아름다운 심장에서 피어난 한 송이의 꽃을 얼굴에 피운 셈이다. 따라서 귀한 사람은 입술이 붉고 윤택하여, 불[火]과 물[水]의 원리를 갖추고 있다.

입술은 배우자와 자식궁을 한꺼번에 보는 곳이기도 하여, 입술색이 좋지 않으면 부부운과 자식운에 영향이 있다. 입술이 검푸르거나 자줏빛·보랏빛이면 욕심은 남달리 많으나 오히려 재물과 가정을 파하고, 음흉한 심보라서 남에게 해를 끼치는 일이 많다. 누리끼리한 황색 역시 빈천을 면하기 어렵고, 입술이 허연 사람은 허약하고 운이 박하며, 입술에 검은 점이 있으면 술을 좋아한다. 단, 병으로 입술색이 바뀐 경우는 예외이다.

··· 입은 스스로의 운명을 만들어나가는 핵심 부위

입은 작용을 하는 부위이기 때문에, 오관 중에서 유난히 그 움직임과 관련된 습관이 많은 곳이다. 입은 말을 하지 않을 때는 항상 단정하게 다물어져 있어야 하며, 말을 하거나 음식을 먹을 때도 가능하면 치아가 보이지 않는 것이 귀격의 상이다. 가만히 있을 때는 단정하다가도 웃거나 말을 할 때 한쪽으로 쏠리는 경우도 좋지 않다.

오관 중 입은 그 어느 부위보다 자신이 사용하는 대로 모양이 바뀌는 만큼 운명이 변하는 곳이다. 다른 부위들은 마음이 간접적으로 반영된 곳이지만, 입은 말을 통해 스스로 운명을 만들어나가는 곳이기 때문이다. 따라서 나쁜 소리, 잘못된 소리, 거짓 소리가 많이 나오는 입은 그 상도 천하고 단정하지 못한 법이다.

밝고 맑고 좋은 마음으로 늘 웃으며 살아가는 사람은 저절로 입꼬리가 올라가고 위아래 입술이 단정하게 맞아떨어지게 된다. 이런 사람은 입이 지닌 덕(口德)을 갖춘 자로서, 남을 비방하거나 삿된 말을 일삼지 않는다.

말을 시작하지도 않았는데 괜히 입이 먼저 씰룩거리는 사람, 말을 하기 전에 입이 부르르 떨리는 사람들은 모두 빈천하기 그지없다. 특히 여자들 중에 이러한 사람은 음탕한 기운이 있어, 그 음기 때문에 자신도 모르게 입술이 까닭 없이 움직이는 것이다. 아무도 없는데 혼자서 중얼거리는 사람, 양 입술을 쑤욱 앞으로 빼고 있는 사람, 입을 항상 헤벌리고 있어 앞니가 다 드러난 사람은 모두 취할 만한 아무런 장점이 없다.

특히 말을 하거나 웃을 때 입이 비뚤어지는 사람은 반드시 노력으로 바로잡아야지, 그냥 두면 제방이 그대로 굳어버리는 격이라 영원한 '입비뚤이'가 된다. 자신의 얼굴에 책임을 지고 반듯하게 가꾸어나가는 노력 역시 참으로 중요한 것이다.

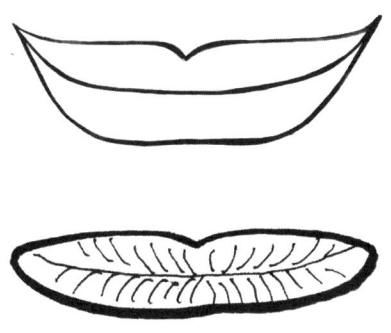

우구牛口와 고문구狐紋口

우구는 소의 입술처럼 풍만하며, 색이 밝고 깨끗하다. 구각이 활처럼 올라가서 귀격이며, 심성이 강직하고 성실하며 부귀와 장수를 누릴 수 있다(위).

고문구는 작은 입술이 약간 뾰족하고 뒤집어진 듯이 보이며, 주름이 유난히 쪼글쪼글하다. 살성(殺性)의 주름살로 인해 말을 참지 못하고, 구각이 처진 성품으로 인해 사람들과 수시로 싸운다. 따라서 고독과 형극을 자초한다(아래).

··· 치아가 왕성하고 튼튼하면 강한 의지력의 소유자

우리의 얼굴에는 학문을 이룰 수 있는 기량을 살피는 곳으로 사학당 四學堂·팔학당八學堂이 있다. 눈·이마·귀와 함께 사학당의 하나인 치아는 내학당內學堂이라 하여, 모든 학당의 결과에 해당하는 곳으로 본다. 인생의 가장 마지막에 오는 결실로서, 어떤 학문이든지 그 결정판은 이 치아에서 이루어진다.

치아를 중심으로 하여 입술도 겸해서 보는데, 입 하나만으로도 그 사람이 얼마나 덕성과 신의가 있는지, 학문을 얼마나 이루었고 인생을 어떻게 살았는지 등을 살필 수 있다. 치아와 입이 수려하면 삼강오륜의 덕목을 갖춘 자로서, 인간 자체가 격이 제대로 이루어진 것으로 본다. 특히 학문을 제대로 이루려면 내학당이 가지런하고 단정해야 한다.

치아는 모든 뼈의 정기가 뭉쳐진 곳으로, 치아가 약하면 뼈가 약하고, 치아가 강하면 몸의 모든 뼈가 강하다. 또한 입술이 자체의 성곽이라면, 치아는 성내를 지키고 보호하는 무기가 되어, 질기고 큰 먹을거리들을 잘게 부수어 내려 보냄으로써 위의 소화를 도와준다.

따라서 치아가 왕성하고 조밀하게 난 사람은 엄청난 심기心氣와 의지력을 타고나, 학문은 물론 정치·사업에서도 큰 뜻을 이루는 사람들이 많다. 심기가 약한 사람은 필사적으로 해보겠다는 결심과 추진력이 없기 때문에, 주체적인 의지가 필요한 사업이나 정치판에는 문전에도 가보지 못한다.

치아는 큼직하고 틈이 없이 조밀해야 하며, 길고 곧고 많아야 하며, 희고 깨끗하고 윤택해야 한다. 치아가 빽빽하고 단단한 사람은 장수하고, 특히 위쪽 두 개의 앞니는 문치門齒라 하여 학구열을 주로 본다. 만약 어지럽게 덧니가 나거나 들쭉날쭉한 사람, 치아 사이가 뜨고 엉성하여 틈 사이로 물이 새어나가는 사람, 멧돼지처럼 치아가 앞으로 쑥 나온 사람, 치아가 짧고 작고 가는 사람, 치아가 뾰족한 사람, 치아에 윤기가 전혀 없이 건조하게 말라붙은 사람 등은 모두 어리석고 빈박하다.

치아가 엉성하면 작심삼일로, 무엇을 하든 끝까지 밀어붙이는 힘이 없다. 치아가 눈에 거슬릴 정도로 부족한 상은 그 자체로 부족지인不足之人으로서, 가히 취할 바가 별로 없다.

치아는 그 수가 많을수록 좋은 것이다. 36치齒는 왕이나 고관대작·거부가 될 상이며, 32치만 되어도 아주 좋아서 복록을 누리고, 30치는 보통 정도, 28치는 하급이다.

말하거나 밥을 먹을 때 이가 보이지 않는 사람은 귀한 사람이요, 웃을 때 치아와 잇몸이 모두 보이는 여자는 분위기에 약하고 정조관념이 부족하다. 아직 늙지 않은 50대 전후의 장년기에 이가 빠지면 명을 재촉하고, 누리끼리하거나 거무스레하게 탁한 치아는 빈천하여 하는 일마다 막힌다.

뿌리 쪽은 넓은데 끝이 좁고 뾰족한 송곳이빨은 성미가 사납고 거칠며 육식을 좋아하고, 뿌리는 좁은 편인데 끝으로 갈수록 넓어지는 치아는 성미가 온순하여 채식을 좋아한다. 그러나 둘 모두 귀한 상은 되지 못한다. 길이보다 넓이가 더 넓은 소 이빨[牛齒]은 부모복은 없으나 심성이 착하여 자수성가로 복을 이루는 상이다.

자잘하면서도 삐죽삐죽한 쥐 이빨[鼠齒]은 가장 천한 치아로서 오래 사는 복조차 누릴 수 없으며, 길쭉길쭉하면서도 틈 사이가 듬성듬성 벌어진 개 이빨[犬齒]은 사납고 화를 잘 낸다.

··· 혀가 코끝에 닿는 사람은 지극히 귀한 존재

혀는 그 통로가 안으로 하단下丹까지 연결되어, 무거운 기틀을 통해 밖으로 소리를 내고 말을 한다. 심장에서 하단의 기운을 받아 올려 혀를 통해 밖으로 내뿜는 소리는 인간의 정精과 기氣가 담긴 것이다.

이처럼 혀는 마음속에 감추어진 뜻과 생각을 나타내는 작용을 하여, 마음의 돛대로서 내 일신의 방향을 좌우하게 된다. 따라서 옛 사람들은 혀를 망령되이 놀리는 것을 경계하였으며, 이러한 작용을 하는 혀의 모습을 통해 귀천을 평가하였다.

아울러 혀 밑에는 인간의 정신을 맑게 하는 옥천玉泉이 있어, 감로수甘露水와 같은 침이 만들어진다. 침은 소중한 우리 몸의 진액이므로 침을 뱉는 습관은 좋지 못하며, 가능하면 침을 고이게 하여 삼켜야 한다.

혀의 모양은 단정하고 길고 크고 두터워야 하며, 끝이 너무 뭉툭하지 않고 다소 예리한 맛이 있어야 한다. 혀가 코에 닿을 정도로 긴 사람은 한 나라의 우두머리가 될 정도로 비범한 귀인이며, 두툼하지는 못하나 길기만 해도 좋은 상이다.

그러나 혀는 절대로 가늘어서는 안 된다. 혀가 길지만 폭이 너무 좁은 사람은 마치 파충류인 뱀과 도마뱀의 혀와 같아서 제일 꺼린다. 입 안에 혀가 가득할 정도로 넉넉하고 장대해야 넓은 덕이 풍부한데, 좁고 뾰족하게 길기만 하다면 성미가 독해서 남과 자신에게 해를 미친다.

혀가 힘이 좋아서 마치 손바닥이나 소의 혀처럼 단단하면 높은 지위에 오른다. 원래 혀는 어느 정도 부드러운 것인데, 소의 혀는 얼마나 강한지 손을 베일 정도로 억센 억새풀을 싹둑싹둑 혀로써 잘라 먹는다. 그처럼 강한 혀를 타고났으니 그 왕성한 기운으로 능히 자신의 소원하는 바를 이룰 수 있다.

뭉툭하고 짤막한 혀는 천하여 물이 막힌 듯 일이 잘 되지 않으며, 너무 얄팍하면 망령되게 일을 그르치는 수가 많다. 뾰족하고 작은 혀는 탐욕스러운 소인배이고, 짤막하고 구부정한 혀는 되는 일이 없으며, 작고 짧은 혀는 빈천하다.

혀는 입술과 함께 심장의 끝이기 때문에, 화火의 기운을 받아 붉을수록 귀하다. 간장처럼 시커먼 혀는 천하고, 잿빛이면 가난하기 그지없으며, 혀에 검은 점이 있으면 거짓말과 헛된 말을 잘한다.

혀의 길이를 따라 세로무늬가 있는 사람은 높은 관직에 오르고, 아름답게 비단수를 놓은 것처럼 잔잔한 무늬가 많은 혀는 귀한 상이다. 손도 마찬가지로, 아름답고 가는 주름이 손바닥을 누비듯이 잔잔하게 있으면 아주 좋은 수상手相을 가진 것이다.

말을 시작하지 않았는데 먼저 혀가 나오는 사람은 망발하기를 좋아하고, 말을 하기 전에 혀로 먼저 입술을 핥는 사람은 음탕하다.

「허영만 꼴」을 감수한 관상학의 대가
신기원의 꼴 관상학

초판 1쇄 발행 2010년 7월 5일
초판 43쇄 발행 2024년 11월 6일

지은이 신기원
펴낸이 최순영

출판1 본부장 한수미
와이즈 팀장 장보라

펴낸곳 ㈜위즈덤하우스 **출판등록** 2000년 5월 23일 제13-1071호
주소 서울특별시 마포구 양화로 19 합정오피스빌딩 17층
전화 02) 2179-5600 **홈페이지** www.wisdomhouse.co.kr

ⓒ 신기원, 2010

ISBN 978-89-6086-270-8 03150

. 이 책의 전부 또는 일부 내용을 재사용하려면 반드시 사전에 저작권자와
  ㈜위즈덤하우스의 동의를 받아야 합니다.
. 인쇄·제작 및 유통상의 파본 도서는 구입하신 서점에서 바꿔드립니다.
. 책값은 뒤표지에 있습니다.